KB267476

나는 사랑하는 사람을 잃었습니다

Lament for a son

나는 사랑하는 사람을
잃었습니다

니콜라스 월터스토프 지음
박혜경 옮김

좋은씨앗

LAMENT FOR A SON

나는 사랑하는 사람을 잃었습니다

1판 1쇄 _ 2003년 7월 15일
2판 1쇄 _ 2014년 5월 10일
2판 4쇄 _ 2025년 9월 22일

지은이_ 니콜라스 월터스토프
옮긴이_ 박혜경
펴낸이_ 신은철
펴낸곳_ 좋은씨앗
출판등록_ 제4-385호(1999.12.21)
주소_ 서울시 서초구 바우뫼로 156 (양재동 MJ빌딩) 402호
주문전화_ 02-2057-3041 주문팩스_ 02-2057-3042
페이스북_ facebook.com/goodseedbook

978-89-5874-421-4 03230

에릭(1958.1.31-1983.6.11)에게,
또 그의 어머니 클레어,
누이 에이미,
형제 로버트, 클라아스, 크리스토퍼에게 바칩니다.

12년 전, 나는 우리 부부의 아들이자 우리 아이들에게는 형
제인 에릭을 기리는 나의 슬픔을 담아서 이 글을 썼다. 에릭
은 스물다섯 살이 되던 해에 오스트리아에서 등반 사고로 목
숨을 잃었다. 비록 다분히 사적인 글이긴 하지만, 이 글들을
책으로 출판하기로 결심한 까닭은, 우리처럼 자식을 잃고 통
곡의 벤치에 앉은 이들의 추모하는 마음과 슬픔을 대변하고
싶은 바람에서였다.

놀랍게도 나는 모든 죽음에는 특수성과 동시에 보편성이
존재한다는 사실을 배웠다. 나처럼 자식을 잃은 많은 이들이
내게 편지를 보냈다. 친척을 잃은 사람들도 편지를 보내왔고,
친척이나 친구의 죽음은 아닐지라도 또 다른 형태의 상실을
경험한 많은 이들이 편지를 보내왔다. 이 책에 담긴 진솔한 표

현들이 다양한 형태의 상실로 인해 고통을 토로(吐露)하는 사람들에게 위로가 되었던 모양이다.

이 글을 쓸 당시의 생생한 슬픔이 여전히 남아 있느냐는 질문을 지금도 자주 받는다. 그렇지는 않다. 상처는 당시처럼 생생하지는 않지만 사라지지도 않았다. 당연하지 않은가? 에릭이 사랑받을 가치가 있었다면 우리가 그를 잃은 것에 대해 슬퍼하는 것도 당연한 일이다. 슬픔이란 사랑하는 사람의 가치에 대한 실제적인 간증이며, 그 가치는 지속되는 것이다.

그러므로 나는 슬픔을 간직하고 있다. 과거로 흘려보내거나 극복하거나 잊으려고 애쓰지 않는다. 그 슬픔이 내 것이 아니라고 부인하려 애쓰지도 않는다. 누군가 내게 "당신은 누구입니까? 자신에 대해 말해보십시오"라고 묻는다면, 나는 간단히 대답할 것이다. "나는 아들을 잃은 아버지입니다."

나의 상실은 내 정체성을 결정한다. 내 전부는 아닐지 모르나 내 정체성의 커다란 부분을 결정한다. 나의 상실은 나의 이야기이기 때문이다. 나는 그저 슬픔을 간직하는 단계를 넘어 슬픔을 구속(救贖)하려고 애쓴다. 그러나 그 슬픔은 내 것이 아니라고 부인할 수 없는 만큼, 그 슬픔을 버리려고 애쓰지도 않는다. 나는 에릭을 기억하리라. 그를 향한 애가(哀歌)는 내 삶의 일부다.

한 친구가 자신의 자녀들에게 이 책을 한 권씩 사다주었다
고 했다. "왜 그렇게 했어?" 내가 묻자 그는 이렇게 답했다. "이
책은 사랑의 연가(戀歌)이기 때문이야." 그 말은 나를 놀라게
했다. 그러나 그의 말이 옳다. 이 책은 사랑의 노래다. 따라서
모든 애가는 연가다.

더 이상 연가가 애가가 되지 않는, 그런 날이 언젠가 올 수
있을까?

— 니콜라스 월터스토프

어느 사순절에

꽃은 시들어도 향기는 곁에 남는다

여인에게서 난 사람은 사는 날이 적고
괴로움이 가득하며
그 발생함이 꽃과 같아서 쇠하여지고
그림자같이 신속하여서 머물지 아니하거늘

(욥 14:1-2, 개역한글).

눈 내리는 어느날 밤 뉴 헤이븐 시에서 태어난 내 아들 에릭은, 그로부터 25년이 지난 어느날 카이저게비르게(Kaisergebirge)의 눈 덮인 산비탈에서 생을 마감했다. 우리는 사랑스러운 손길로 그를 따스한 유월의 땅 속에 내려놓았다. 버드나무가 하얀 솜털 씨를 흩뿌리며 땅을 감싸던 때였다.

스스로에게 묻곤 한다. 우리가 땅에 묻은 것이 에릭이었던가? 죽은 에릭의 뺨을 만져보았다. 차가움과 멈춤. 그리고 경직된 몸에서 느껴지는 굳은 촉감이 나를 멈칫하게 했다. 이전에는 죽음에 대해서 단지 차가움과 멈춤의 상태만 떠올렸다. 아무도 내게 죽음이란 모든 부드러움이 빠져나간 상태라는 것은 말해주지 않았다. 에릭의 영은 그의 몸을 떠나면서 온기와 활력을 함께 가져갔고, 또한 부드러움도 가져가버렸다. 에릭은 갔다. "에릭, 어디에 있니?" 나는 사람을 그의 육신과 분리해 생각하는 데 아직 익숙하지 못하다. 아마도 그런 익숙함은 연습으로 얻어지는 것일지도 모른다. 붉은 머리카락, 보조개, 다람쥐 같은 표정. 이제 그것은 과거의 에릭일 뿐이다.

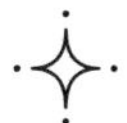

그 전화가 걸려온 것은, 어느 밝고 화창한 일요일 오후 3시 30분쯤이었다. 나는 그때 에릭의 동생을 형과 함께 여름을 보내라고 비행기에 태워 에릭이 있는 곳으로 보내고 막 돌아온 터였다.

"월터스토프 씬가요?"

"그렇습니다."

"에릭의 부친 되시지요?"

"예, 그렇습니다만."

"월터스토프 씨, 좋지 않은 소식을 전하게 되었습니다."

"예?"

"아드님이 등반중에 사고를 당했습니다."

"예?"

"월터스토프 씨, 이런 말씀을 드리게 되어서… 아드님이 죽었습니다. 월터스토프 씨, 듣고 계십니까? 지금 당장 이곳으로 오셔야겠습니다. 월터스토프 씨, 에릭이 죽었습니다."

약 3초 동안, 나는 체념에서 오는 평안을 느꼈다. 축 늘어진 아들을 두 팔로 안아서 누군가, 그 누군가에게 바치는 듯한 느낌이 들었다. 그 다음에는 차가우면서도 타는 듯이 강렬한 통증이 밀려왔다.

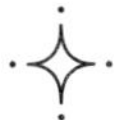

그의 형제들처럼 에릭은 언제나 민첩하며 영리한 아이였다. 그는 전 미국 장학생으로 대학에 들어갔다. 과학과 수학에 탁월한 재능을 지녔던 에릭은 대학 시절 방학 기간을 몽땅 컴퓨터 프로그램을 짜는 데 보내기도 했다.

그러나 결국 과학자가 되기보다는 예술사를 공부하는 길을 택했다. 그는 예술사를 공부할 때 자신이 인간 본성에 근접하는 느낌을 맛본다고 했다. 훌륭한 화가이기도 했던 에릭은 도예에도 소질이 있었으며, 음악에 대한 풍부한 지식을 갖춘 좋은 연주가이기도 했다.

그는 모든 일에 열심이었고 자신에게 주어진 시간을 낭비하는 것을 아주 싫어했다. 방해꾼이 나타나 자신의 시간을 빼앗는 것을 용납하지 않았고, 어느 때는 자신이 정한 목표에 너무 집중한 나머지 세상을 즐길 여유마저 없는 것처럼 보였다. 에릭이 도예를 그만둔 것도 시간 계획표 속에 도예를 끼워 넣기가 곤란했기 때문이었다. 그러나 에릭은 기쁨을 아는 사람이었다. 모험을 좋아해서 혼자서 세상 곳곳을 여행하기도 했고, 도전 앞에서 물러서지 않았으며, 사람들의 발길이 닿지 않은 산세를 탐험하는 것을 겁내지 않았다. 그래서 자기 육신의 기술과 힘을 과신했는지도 모른다.

열 살 무렵 익사할 뻔한 경험을 가지고 있으면서도 자신이 헤엄을 못친다는 사실을 인정하지 않던 에릭. 그는 삶을 치열하게 살았다.

추수감사절 예배에서 목사님은 감사할 줄 아는 눈을 갖자는 주제로 설교를 했다. 에릭은 감사할 줄 아는 눈뿐만 아니라 감사할 줄 아는 귀와 마음의 소유자였다.

그는 믿음의 사람이었다. 에릭이 여섯 살쯤이었던가, 나는 에릭과 함께 차를 타고 어딘가를 향해 가고 있었다. 그때 에릭이 물었다. "아빠, 하나님이 계시다는 것을 어떻게 알 수 있어요?" 에릭이 그렇게 묻긴 했지만, 나는 그가 한 번도 하나님이 계신 것을 의심했다고 생각하지 않는다. 그는 진실한 공동체 속에서 함께 예배 드리는 것을 사모했다. 에릭은 주 안에서 죽은 것이다.

에릭은 사물에 자신만의 본질을 부여했다. 제라드 맨리 홉킨스(Gerard Manley Hopkins)의 사물의 본질(inscape)이라는 개념을 떠올려본다. 홉킨스는 분명한 성질을 가진 사물마다 본질을 가지고 있다고 말했다. 홉킨스는 자신의 편지에서 본질로 충만한 정원의 한 나무가 베어질 때 자신은 고통을 느꼈다고 했다. 에릭도 사물에 본질을 부여했다. 그는 옷 입는 방식, 요리하는 방식, 악수하는 방식, 전화받는 방식에 자신만의 본질을 심었다. "나는 죽고 싶다. 그래서 세상 만물의 본질들이 훼파되는 것을 더 이상 보지 않게 되기를 바란다."

내가 에릭에게 화를 냈을 때는 대개 그가 자기 중심적으로 행동했을 때였다. 어느 여름에는 폭풍 피해를 입은 이들의 집 수리를 도왔지만, 정작 우리 가족의 오두막을 짓는 데 데리고 가자 불평을 했다. 그러나 에릭은 십대 때 시카고 기차역에서 사람들이 부탁하지도 않은 옷 가방들을 즐겁게 날라줌으로 우리를 놀라게 하기도 했다.

에릭이 죽기 직전에 보낸 편지에는 외로움과 내면의 고독이 배어 있었다. 그에게 가장 큰 기쁨은 친구들이었다. 자신의 가장 깊은 생각과 느낌과 믿음을 나눌 수 있을 정도로 가까운 친구들 말이다. 에릭은 친구들과의 사이에서 아무런 간격도 느껴지지 않는, 그런 순간들을 늘 갈망했다. 자신의 오랜 친구들이 이곳 저곳으로, 다양한 관심사로, 결혼과 가정으로 흩어지면서 멀어져가는 것을 보면서, 그는 친구들과의 친밀함에 대해 깊이 갈망했고, 고독을 느꼈다.

그는 지나칠 정도로 철저한 원칙주의자였다. 때때로 심하게 느껴질 정도로 엄격하고 비판적이었으며, 인간의 연약함을 받아들이는 것을 거부했다. 그것 때문에 인간 관계에서 어려움을 겪기도 했지만, 반면 에릭은 온유하며 사랑 넘치는 성품을 가진 사람이기도 했다. 뮌헨에 있는 에릭의 하숙집 여주인은, 여름을 함께 보내려고 동생이 온다는 소식을 들은 에릭의 얼굴이 얼마나 환하게 밝아졌는지 내게 말해주었다. 한번은 가족과 함께 보내는 명절을 고대하는 에릭의 태도를 보고 대학원의 급우들이 놀라워한 적도 있다고 했다.

에릭은 산을 열정적으로 사랑한 사람이었다. 하숙집 주인은 '그 무엇보다도'(Uber alles)라고 말했지만, 그것은 사실이 아니었다. 에릭은 산보다 친구들을 더 사랑했다. 하지만 그에게 산은 저항할 수 없는 유혹의 손짓인 것만은 분명했다. 그는 유럽의 예술과 성당 건물들을 사랑했지만 산을 더욱 사랑했다. 그런데 그의 사랑은 죽음이 되었다.

우리는 에릭의 존재를 너무도 당연시했다. 어쩌면 우리 모두는 서로의 존재를 너무 당연시하고 있는지도 모른다. 반복되는 일상 때문에 우리의 마음은 산란해지며, 자신이 추구하는 대상에 몰두하느라 중요한 것을 잊어버리며, 염려와 슬픔 때문에 우리의 집중력은 흐려진다. 친숙함이 주는 아름다움들은 우리의 관심을 끌지 못한다. 우리는 서로를 충분히 소중히 여기지 못하고 있다.

에릭은 25년간 하나님께서 우리에게 주신 선물이었다. 그 선물이 사라진 후에야 비로소 나는 그 선물의 소중함을 절감하게 되었다. 그러나 이제 이런 심정을 그에게 들려줄 수가 없다. 에릭의 소중함을 구구절절이 적은 수많은 편지들이 그가 죽은 후에 쏟아져왔다. 그 편지들을 읽으면서 나는 다시 한 번 통곡했다. 에릭을 칭송하는 한 마디 한 마디가 그의 상실을 상기시키는 칼날이 되어 내 마음을 도려냈다.

이미 아들은 이땅에 없는데 그의 사람됨에 대해 아무리 칭찬한들, 무슨 소용이 있겠는가? 그가 한때 우리 곁에 있었다는 것에 대해 감사함이 없는 것은 아니지만, 이제는 그가 이곳에 없다는 것을 인식하는 데서 오는 고통이 내 가슴을 무겁게 짓누르고 있다. 앞으로 계속 이렇게 살아야 하는가?

그가 가버리기 전까지 나는 내가 에릭을 얼마나 사랑했는지 알지 못했다.

사랑이란 이런 것인가?

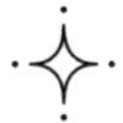

지상에서 사라지다. 부재(不在). 차를 타고 가다가 횡단보도 앞에 멈춰 한 무리의 학생들이 지나가기를 기다리던 때에 갑자기 떠오른 생각. 이제 에릭은 없다.

야구장에 가서 경기를 보다가도 나는 어느 순간 관중들 틈에서 스물다섯쯤 되어 보이는 청년들을 골라내고 있다. 하지만 그들 속에도 에릭은 없다. 군중 속에서도, 길에서도, 방에서도, 교회에서도, 학교에서도, 도서관에서도, 친구들 모임에서도, 모든 산들 위에서도, 나는 이제 에릭을 찾을 수 없다. 에릭만 없는 것이다.

침묵. "오늘 에릭에게서 편지가 왔나?" "에릭이 언제 다시 전화한다고 했지?" 이제는 침묵만이 답이다. 부재와 침묵.

우리 가족이 모일 때마다 항상 누군가가 빠진 셈이다. 에릭의 부재는 우리의 존재만큼 실재적이며, 그의 침묵은 우리의 연설만큼 큰 외침이다. 우리는 여전히 다섯 아이를 두었으나 한 아이는 언제나 없다. 우리 가족 모두가 모일 때에도 언제나 전부 모인 것이 아니다.

나는 사랑하는 사람을
잃었습니다

우리를 그토록 고통스럽게 하는 것은 '두 번 다시 못한다'(nev-erness)라는 말이다. 에릭은 두 번 다시 우리와 함께하지 못한다. 두 번 다시 우리와 함께 식탁에 앉지 못하며, 두 번 다시 우리와 함께 여행을 떠나지 못하며, 두 번 다시 우리와 함께 웃지 못하며, 두 번 다시 우리와 함께 울지 못하며, 두 번 다시 학교를 향해 떠나면서 우리와 포옹하지 못하며, 두 번 다시 누이와 형제들의 결혼식에 참석하지 못한다. 우리들은 남은 삶 전체를 에릭 없이 살아내야 한다. 오직 우리의 죽음만이 그의 죽음 때문에 겪는 고통을 멈추게 할 것이다.

한 달, 일 년, 오 년, 이렇게 정해진 시간이라면 살 수 있을지도 모른다. 그러나 영원히 이렇게는 견딜 수 없다.

문을 열고 밖으로 나가 여름날 이른 아침의 촉촉한 향기를 들이켜본다. 곧이어 에릭이 두 번 다시 이런 향기를 맡을 수

없다는 현실에 대한 깨달음이, 향기의 즐거움과 함께 손에 손
을 잡고 밀려온다.

구름이 사라져 없어짐같이

스올로 내려가는 자는 다시 올라오지 못할 것이오니

그는 다시 자기 집으로 돌아가지 못하겠고

자기 처소도 다시 그를 알지 못하리이다(욥 7:9-10).

단 한 번, 발을 헛디딘 것이 이렇게 끝없는 부정(否定)을 가
져올 줄이야.

나는 사랑하는 사람을
잃었습니다

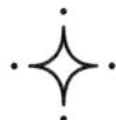

참으로 잘못된 일이다. 자식이 부모를 앞서 먼저 죽는다는 것은 정말 말도 안 되는 일이다. 자식으로서 부모를 묻는 것만도 참으로 쉽지 않은 일인 것을…. 사실상 부모를 먼저 보내는 것이야 예상하고 사는 일이 아닌가? 부모는 우리의 과거지만 자식은 우리의 미래인 것을…. 우리는 자식이 포함되지 않은 미래를 꿈꾸지 않는다. 어떻게 내 손으로 내 아들을, 내 미래를, 내 후손 가운데 하나를 땅에 묻을 수 있단 말인가? 그가 나를 묻어야 할 사람인데….

아들의 주검을 거두기 위해 나는 대서양을 건너가야 했다. 잔인한 의무. 원래는 에릭에게 속했던 육신이 이제는 나의 소유가 되어버렸다. 인수 서류에 서명을 하고 내가 주인 행세를 해야 하는 나의 소유. 대서양을 건너는 비행기 안에는 유럽으로 첫 여행을 떠나는 젊은이들로 가득했다. 시끄럽게 떠들고 있는 그들은 명랑하고 활기가 넘쳤다. 나는 좌석에 몸을 깊이 묻었다.

친구 버나드가 마중을 나왔다. 우리는 에릭이 살았던 뮌헨의 아파트로 향했다. 거기서 에릭의 네 친구를 만났다. 에릭의 친구들도 그날 아침 에릭을 만나러 뮌헨에 도착한 모양이었다. 에릭의 집을 찾아가 에릭을 만나러 왔다고 즐겁게 말했지만, 그들이 하숙집 주인으로부터 들은 대답은 이랬다. "이제 에릭을 만날 수 없어요. 그는 죽었습니다."

방안의 모든 것이 에릭을 말해주고 있었다. 밝고 깨끗한 실내, 벽에 걸린 그림들, 탁자 위에 놓인 장식품들과 등산 관련 서적들, 찬장 속의 인도네시아 산 향료, 그 모든 것이 깔끔하게 정돈되어 있었다. 본질(inscape). 그러나 이 물건들을 정리하던 주인은 지금 어디에 있는가? 이 물건들에게 의미를 부여했던 그 생명은 어디에 있단 말인가? 그의 옷 하나가 축 늘어진 채 걸려 있었다.

우리는 그의 시신을 거두기 위해 쿠프슈타인(Kufstein)으로 갔다. 장의사는 그의 시신을 보지 말라고 조언했다. 그러나 나는 에릭을 그릴 수 있었다. 부딪히고, 긁히고, 산 아래로 추락하며, 무언가 잡을 것을 찾아 붙잡았다가 놓치며, 온몸이 망가지며 죽을 것을 알게 된 바로 그 순간이 내게 전해져왔다. 그들은 내게 에릭이 신었던 등산화와 배낭을 건네주었다. 그것들은 멀쩡했다. 이 얼마나 잔인한 조롱인가! 우리가 사랑했던 이는 찢기고 피 흘리고 상하고 깨지며 죽음을 맞았다. 하지만 그의 신발과 배낭은 마치 새 것같이 전혀 상하지 않은 채 이렇게 말하는 것 같았다. "우리는 다음 등반을 위한 만반의 준비가 되어 있어요. 왜 지체하고 있나요?"

이것들의 광고 문구를 이렇게 만들면 어떻겠는가? "당신이 등반 도중 굴러 떨어져 죽어도 이 신발은 상처 하나 없이 남아서 가족과 친구들이 다시 사용할 수 있습니다."

여인에게서 난 사람은

사는 날이 적고 괴로움이 가득하며

그 발생함이 꽃과 같아서 쇠하여지고

그림자같이 신속하여서 머물지 아니하거늘(욥 14:1-2, 개역한글).

꽃은 시들어도 그 '향기'는 우리 곁에 남는다.

왜 그래야 했을까? 왜 하필 그 산에 올라갔을까? 왜 평지에 머물지 않았을까? 왜 혼자서 산에 올랐을까? 어째서 에릭은 누군가와 함께 산을 올라 상대의 로프에 의지하면서 자신의 안전을 챙기지 않았을까?

나는 이 질문들의 답을 알고 있다. 에릭이 홀로 산에 오른 까닭은, 산에서 알지 못하는 사람들의 수다를 듣는 것보다는 차라리 고독을 더 좋아했기 때문이었다. 그는 친구들과 함께 산에 오르는 것을 가장 좋아했다. 그러나 친구들이 곁에 없을 때는 홀로 가는 것을 좋아했다. 등산 전문서적들은 홀로 등반하는 것이 위험하다는 조언을 그에게 해주지 않았겠는가?

그런데, 그는 반드시 산에 올라야만 했을까? 산의 무엇이 그를 그토록 매혹시켰을까? 산이 좋아서 산에 오르는 사람들만이 이 질문에 진정한 답을 할 수 있다. 나로서는 그저 추

측만 할 뿐이다

에릭은 등반이 주는 지적이고 육체적인 도전을 통해 오는 기쁨의 유혹을 뿌리치지 못했다. 아마도 지성과 육신이 부담을 함께 나누어지는 경험을 다른 일에서는 그만큼 할 수 없을지도 모른다. 그리고 그는 산이라는 존재의 엄청난 위엄에 사로잡힌 것이다. 그를 사로잡은 산의 아름다움은, 우리의 시선을 끄는 이차원적인 산의 사진이 아닌, 모든 것을 포괄하는 거부할 수 없는 산의 아름다움이었다. 사람의 손길이 닿지 않아서 하나님의 손길의 순수함을 간직하고 있는 아름다움 말이다. 그래서 산을 오르는 행위 자체가 그의 가슴 깊숙한 곳에서는 영적인 경험이었는지도 모른다. 산에 오르는 것은 하나님을 만나는 것이었는지도 모른다.

산은 우리에게 도전, 위엄, 순수, 영성을 제공하지만 동시에 위협적인 존재다. 우리같이 부드럽고, 작고, 연약하며, 흔들리는 발걸음을 가진 피조물들이 자신을 정복하며 오를 때, 산들은 위험할 정도로 무관심하다. 우리가 발을 헛딛고 손을 헛짚는 것이 그저 알프스 산맥의 초원 위로 살짝 떨어지는 것을 의미한다면, 그 모든 것이 얼마나 하찮은 일이 되겠는가? 산을 오르는 위험이 있기에 성취를 통해 얻는 기쁨도 본질적인 것이 된다. 산을 오르는 길목에서 그는 커다란 표석을 지나쳤을 것이다. 그 돌에는 바로 그 산에서 생명을 마감한 오십 명이 넘는 사람들의 이름이 적힌 판이 달려 있었다. 그도 그 표석을 분명히 보았을 것이다.

그래서 나는 에릭이 왜 산에 갔는지 안다. 자기 내면의 가장 깊은 곳이 그를 산으로 불렀던 것이다. 부모로부터 받아서 형성된 그의 자아가 말이다. 우리 부부는 그에게 도전에 대해, 기쁨에 대해, 하나님에 대해 가르쳤다. 우리의 일부가 그날 그 화창한 유월의 토요일에 그 산으로 조금씩 올라가고 있었다. 그리고 우리의 일부가 미끄러졌고, 우리 자신의 뼈가 산산조각났다.

오늘도 이런 물음이 내 곁을 맴돌고 있다. "왜 그래야 했을까?"

우리를 정말 고통스럽게 하는 것은

'두 번 다시 못한다'(neverness)라는 말이다.

우리는 남은 삶 전체를 에릭 없이 살아내야 한다.

오직 우리의 죽음만이 그의 죽음 때문에 겪는

고통을 멈추게 할 뿐이다.

에릭은 그즈음 현대 건축의 기원에 관한 논문을 쓰고 있었다. 1920년대에 격렬한 논쟁이 하나 있었는데, 특별히 독일의 바우하우스(Bauhaus)를 중심으로 벌어졌던 미래의 건축 방향에 관한 논쟁이었다. 당시에 그 논쟁의 승자들은 국제주의 양식(International Style)을 지향했던 사람들이었다. 그들은 최신 기술들을 사용하는 것을 선호했으며 '바우하우스의 방침'(good planning principles)에 입각해서 도시를 재건축하는 데 헌신했다. 논쟁의 패자들은 지역 특성을 살린 토착적인 건축을 주장한 이들로 바우하우스의 방침에 맞추어 도시들을 재건한다는 합리주의적 사고에 회의적이었다. 그들은 새로운 기술과 재질을 건축에 응용하려는 시도는 지금까지 사용되고 검증된 재질이나 기술과 조화를 이루어야 한다고 주장했다.

에릭의 논문 주제는 그 논쟁의 패자 그룹에 속했지만, 특별히 가장 뛰어난 재능을 가진 건축가였던 파울 슐츠 나움부르크(Paul Schultze-Naumburg)의 견해와 건축물들을 연구하는 것이었다. 이제 에릭의 논문은 미완성으로 남았고, 그가 논문을 위해 수집해놓은 자료들은 말없이 상자 속에 들어 있다. 논문은 목소리를 잃어버린 것이다.

에릭의 마지막을 채웠던 그런 연구가 중요한 일일까? 대부분의 사람들은 인간 본성에서 비롯된 문화적 퇴적물에 별다른 기여를 하지 않는다. 그런 것에 관심을 두는 것조차 드물다. 그저 농부로, 가정 주부로, 공장 근로자로, 남편으로, 어머니로, 아버지로 일상의 삶을 살아간다. 그들로부터 두 세대, 또는 세 세대를 내려가면, 지상에서 그들을 아는 사람들은 사라지고 만다. 하지만 어떤 사람들은 문화에 창조적 부가가치를 만들어 남긴다. 세월을 뛰어넘어 대대로 남겨지는 그런 것 말이다.

에릭의 연구가 그런 창조적 부가가치가 될 수 있었을까? 잘 모르겠다. 그 연구가 중요한 의미로 남을 수 있었을까? 그의 죽음은 평범한 일상을 살면서 가족과 주위 사람들을 사랑하며 하나님을 의뢰하며 이땅에서의 삶을 소중히 여겼던 다른 스물다섯 살 청년의 죽음보다 더 애통할 만한 것인가? 과연 우리가 하나님께서 다스리시는 나라로 가져가는 것은 무엇인

나는 사랑하는 사람을
잃었습니다

가? 사랑과 믿음과 신뢰만 가져가는 것일까? 아니면 문화도 가져가는 것일까?

분명 성취될 수 있었지만 지금은 성취되지 못한 채 상실된 그 모든 것에 나는 애통해한다.

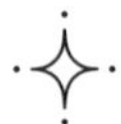

에릭이 생애 마지막 몇 달 중 가장 많은 시간을 보낸 곳은 도서관이었다. 나는 지금 그 도서관 앞에 서 있다. 이 계단을 걸어올라가 저 문들을 통과하고, 데스크로 가서 책 한 권을 신청하고 그것을 받아서 책상에 앉았겠지. 어느 책상일까? 그곳에 앉아 내가 지금 손에 들고 있는 이 노트들에 무엇인가를 적었으리라.

내 눈에는 아무것도 보이지 않는다. 그가 있어야 할 자리에선 어떠한 형태도, 어떠한 흔적도 감지되지 않는다. 뼈와 근육은 없어졌고 발자국들은 깨끗이 씻겨나갔고 미소도, 건장한 발걸음도, 뛰어난 지성도, 그림자도, 사랑의 구현도 없다. 그가 있어야 할 공간은 허공이 되어 내 눈에 들어온다.

되돌려놓자. 시간을 멈추고 되돌리자. 지난 금요일로, 지난 토요일로 되돌아가자. 그에게 다시 돌이키도록 하자. 이번에는 너무 늦게 일어났다. 등반하기에는 이미 늦었다. 대신 책을 읽으며 곧 도착할 동생을 기다리게 만들자. 이번에는 올바른 선택만 하게 하자. 우리 모두 올바른 선택들만 하자.

하지만 멈출 수는 없다. 시간은 앞으로만 흘러갈 뿐이다. 용인도 없고 자비도 없다. 시간을 조절하는 기어도 브레이크도 사라졌다. 시간을 멈출 수 있는 방법이 내게는 없다. 더 뒤로, 더 멀리, 희미한 과거로 향하는 나와 시간 사이에는 골만 깊어지고 있다. 시간의 속도를 줄이게 하거나, 시간을 멈추게 하거나, 뒤로 돌려놓을 이가 없는가? 우리 모두는 상실의 분량이 차기까지 이렇게 영원히 전진하고, 멀어지며, 넘어서고, 아름다움을 잃어버리며, 사랑이 슬픔으로 변하는 것을 지켜보아야 한단 말인가?

생명과 약속의 절정에서 그는 꺾였다. 에릭은 연구를 끝내고 논문을 정리할 준비가 다 되어 있었다. 우리는 그의 노트 맨 위에 적힌 논문의 개요를 보았다. 한 주 전에 에릭을 찾아왔던 친구들에 따르면 에릭이 그토록 흥분한 모습을 처음 보았다고 했다. 에릭은 친구들과 함께 늦은 여름날의 마테호른 등반을 고대하고 있었으며, 달리기와 등반 연습을 하면서 몸을 단련하고 있었다고 했다.

갑작스럽게 생명이 꺾인 자식의 죽음을 보는 것은 좀더 쉬울까? 어떤 질병이 그의 몸을 좀먹고 에너지를 갉아먹고 육체를 연약하게 해놓은 다음에 맞이하는 죽음은 보다 나은 종말일까? 그러나 그때에는 자식이 쓰러져가는 것을 지켜보는 고통이 따를 것이다. 작별 인사라도 할 수 있었다면 이별이 좀 더 쉬웠을까? 우리는 에릭에게 작별 인사도 하지 못했다.

모든 삶이 그런 것처럼 모든 죽음도 특별하다. 모든 사람이 자신만의 각인을 갖고 있다. 본질(inscape) 말이다. 홉킨스의 정원에 있는 나무가 살아서 본질을 가졌던 것처럼, 그 나무가 쓰러지는 것도 하나의 본질을 갖는다. 그리고 모든 죽음이 저마다 다른 까닭은 그 죽음이 가져오는 고통의 정도가 다르기 때문이 아니라, 그 죽음에서 비롯된 고통의 본질이 다르기 때문이다. 젊은 생명이 시들어가며 죽는 것을 지켜보아야 하는 고통은, 젊은 생명이 갑자기 꺾이는 것을 보아야 하는 고통과 똑같이 고통스럽다.

에릭과 동갑인 내 친구의 아들이 에릭이 죽기 몇 주 전에 죽었다. 그는 자살을 했다. 삶이 주는 고통이 너무 컸기에 그는 고통스러운 삶의 끈을 스스로 놓아버리는 선택을 했다. 잠시 동안이지만, 나는 삶을 향한 열정에 불타던 사람의 죽음보다 그런 죽음의 고통을 감내하는 것이 더 쉬울 것이라고 생각했다. 어쨌든 그는 죽음을 원하지 않았던가. 그러나 자식을 잃은 친구와 대화를 나눈 후, 나는 내 생각이 잘못되었음을 깨달았다.

작가들은 늘 죽음이 다 같은 것이라고 말해오지 않았던가? 물론 그것도 옳은 말이다. 그러나 그들이 간과한 사실은 모든 죽음이 다 특별하다는 것과, 그 특별함이 수반하는 고통

의 외로움도 죽음만큼이나 특별하다는 것이다. 우리는 이렇
게 말한다. "당신이 느끼는 아픔을 저도 압니다."

　그러나 우리는 잘 모르고 있다.

집으로 돌아오면서 나는 눈물에 관해 생각했다. 우리를 둘러싼 문화는 이렇게 말한다. 남자는 강해야 하며, 슬픈 일을 당해도 눈물을 보이지 않음으로써 자신의 강함을 드러내야 한다고. 눈물은 여자들의 전유물이다. 눈물은 약함의 증거며, 여자들에게는 약할 수 있는 권한이 주어졌다. 물론 여자들 역시 강하면 좋다고도 말한다.

그런데 어째서 눈물을 흘리지 않는 극기의 모습을 칭찬하는 것일까? 무엇 때문에 속으로는 피를 흘리면서도 결코 그 속을 꺼내어 보여서는 안 된다고 주장하는가? 울면서 인내하는 것은 울지 않으면서 인내하는 것보다 더 많은 에너지를 필요로 하는가? 우리는 언제나 우리의 고통에 가면을 씌워야 하는가? 때때로 사람들이 우리의 고통 받는 내면을 엿보며 들어올 수 있게 해서는 안 되는 것인가? 남자는 이렇게 하면 정말 안 되는 것인가?

강한 것처럼 행동하는 것이 그토록 중요한 이유는 무엇인가? 하나님께서는 내게 인내할 수 있는 힘을 주셨다. 그러나 나는 폭행을 당했고, 그 폭행으로 상처를 입었다. 그것도 아주 큰 상처를 말이다. 상처 입지 않은 척 해야 하는가? 내가 입은 상처가 흉하다는 것을 나는 알고 있다. 그 상처들은 보기에도 끔찍한 것들이다. 그러나 언제까지 내 상처를 붕대로 싸매고 있어야 하는가?

눈물이 고인 눈으로 세상을 보리라. 그러면 이전에 마른 눈으로는 보지 못했던 것들을 볼 수 있게 되리라.

“눈물이… 흘러내렸다. 나는 눈물이 마음대로 흘러내리도록
내버려두었다. 나는 그 눈물로 내 마음의 베개를 삼으리라. 그
베개 위에서 내 마음이 안식을 얻을 수 있도록….”

— 아우구스티누스, 「고백록」

우리는 언제나 우리의 고통에 가면을 씌워야 하는가?
때때로 사람들이 우리의 고통 받는 내면을
엿보며 들어올 수 있게 해서는 안 되는 것인가?
눈물이 고인 눈으로 세상을 보리라.
그러면 이전에 마른 눈으로는 보지 못했던 것들을
볼 수 있게 되리라.

집으로 돌아온 것은 늦은 밤이 다 되어서였다. 나는 가족들을 불러 모았다. 그날밤 내가 한 말 중에 기억나는 것은 첫마디와 끝마디뿐이다. "우리 에릭이 죽었단다." 이렇게 시작했다. 그리고 에릭이 살아 있었을 때 그랬던 것처럼, 에릭이 가고 없는 앞으로도 우리 가족은 최선을 다해 신실하게 진정한 삶을 사는 것을 배워야 한다는 말로 끝을 맺었다.

어떻게 하면 그렇게 살 수 있는가? 그 말은 도대체 무슨 뜻인가? 새로운 삶을 사는 법을 배우는 데에는 오랜 시간이 걸릴 것이다.

우리는 에릭을 잊지 않는 법을 배워야 하며, 에릭에 관해 이야기하는 법을 배워야 하며, 에릭을 기억하는 법을 배워야 한다. "과거의 일을 기억하기." 그것은 그리스도인이나 유대인이 역사의 일원으로 세상을 살아가는 방식 중에 가장 심오한 특징이다. "기억하다." "잊지 않다." "기념하며 행하다." 우리는 과거를 기억 속에 붙잡아 멀어지지 않도록 해야 한다. 그렇게 함으로 우리는 역사 속에서 하나님을 발견한다.

에릭의 삶이 우리에게 주어진 선물이었다면, 우리는 마땅히 그 선물을 기억 속에 붙들어두어야 한다. 망각에 저항하며 잊혀져가는 것을 막으면서 말이다.

에릭의 모든 것이 우리를 둘러싸고 있다. 그의 옷, 그의 책, 그의 카메라, 그가 만든 것들, 도자기, 그림, 슬라이드, 사진, 노트, 논문…. 그의 소유물은 상반된 메시지를 전하고 있다. 기쁨에 겨운 자랑의 말과 슬픔의 말들. 저 물건들을 어떻게 할 것인가? 한 방에 모아놓고 문을 닫아둠으로 슬픔의 소리가 들리지 않게 할 것인가, 아니면 그대로 두어 그 물건들을 만든 손에 대한 이야기를 계속 들을 수 있도록 할 것인가?

우리는 그 물건들을 그 자리에 그대로 놓아두리라. 도자기를 치우거나 사진들을 덮어놓지 않으리라. 에릭이 놓아둔 그 자리에 그대로 두어서 우리를 바라보게 하리라. 그렇게 그를 기억하고 기념하리라.

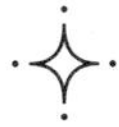

에릭이 하려고 계획하던 일을 적어놓은 목록을 발견했다. 계획, 목표, 사업 제안서, 소망. 이제 그 모든 것들은 흩어져 거친 바위 위에서 산산조각나버렸다.

인간이란 기억하는 존재며, 과거를 현재로 가져오는 자다. 그보다도 인간이란 앞을 바라보며 기대하고 꿈꾸는 존재다. 인간이란 기억함과 동시에 기대하며, 뒤돌아봄과 동시에 계획하는 존재다. 갓 태어난 아기는 뒤돌아보지도 앞을 내다보지도 않는다. 아기란 존재는 그저 시작할 뿐이다. 노인은 앞을 바라보기를 두려워하며 그가 하는 계획은 조심스럽고, 계획을 한다 해도 얼마 되지 않고 단기적이다. 기억할 수 없게 될 때 인간 본성은 점차 축소되어 결국 사라지게 된다.

에릭은 계획과 결단으로 가득 찬 미래에 대한 꿈으로 충만했다. 그는 활짝 핀 꽃과 같았다. 하지만 이제 모든 것이 사라

졌다. 그가 품었던 미래의 풍성함도 그가 추락하는 그 순간
에 사라져버렸다. 죽음은 그가 하지 말았어야 할 일들 중에
하나였다. 영원히….

나는 복음의 내용이 언제나 내게 위로를 줄 것이라고 생각해 왔다. 하지만 그렇지 않았다. 복음은 다른 중요한 역할들은 해 주었지만 에릭을 잃은 내게 위로를 주지는 못했다. 부활의 소망을 떠올리는 것도 위로가 되지 못했다. 내가 부활의 소망을 잊고 살았던 사람이라면, 그 소망이 내 삶에 빛을 새롭게 가져다주었을 것이다. 하지만 나는 죽음이 바닥 없는 심연이라고 생각하는 사람이 아니었다. 나는 소망 없는 자들처럼 상심하는 사람도 아니었다.

그럼에도 에릭은 가고 없다. 지금 여기에 그는 없다. 이제 나는 그와 이야기를 나눌 수 없다. 이제 나는 그를 볼 수도 없다. 그를 안을 수도 없고, 그가 전하는 장래의 계획을 들을 수도 없다. 그것이 바로 나의 슬픔이다.

한 친구가 내게 말했다. "잊지 말게나. 에릭은 지금 하나님의 품안에 있다네." 나는 그 말에 깊은 감동을 받았다. 그러나 현실은 에릭을 내 품으로 되돌려놓지 않는다. 그것이 나의 애통함이다. 그런 나에게 에릭을 돌려받는 일 외에 어떤 것도 위로가 되지 않는다.

요즘에 와서야 우리는 오랫동안 성경에서 무시되어왔던 몇 가지 진리를 새롭게 깨닫고 있다. 그 중 하나가 하나님께서 만드신 창조물이 선하다는 사실이다. 하나님께서는 우리를 육체와 영혼이 결합된 역사적인 피조물로 만드셨고 또 선하게 창조되었다고 말씀하셨다. 우리는 육체와 영혼이 영원히 분리되는 것을 갈망하지 않는다.

그러나 이 사실 때문에 죽음은 우리 곁에 두고 살아가기에 무엇보다 힘든 대상이 되고 만다. 주의하라. 우리가 이 비참한 물질 세계에서 해방되어 우리에게 합당한 비물질 세계로 가는 것이 죽음이다. 하나님께서도 선포하셨고 우리 역시 강하게 믿고 있는 우리라는 존재의 위대한 가치를 깎아내는 것이 절대 죽음이 아니다.

하지만 그와 반대로 생각될 때, 죽음은 더 이상 우리의 친구가 아니라 원수가 된다. 나는 우리가 죽음을 이긴 자들이라고 생각하지만, 죽음은 여전히 이 세상에서 활개치고 있다. 그리고 어느날 나의 에릭을 쓰러뜨렸다는 사실 때문에 나는 애통해하고 있다.

그의 부재가 주는 공허함을 아무것도 대신 채우지 못한다. 그는 무엇으로 대신할 수 있는 존재가 아니다. 밖으로 나가 에릭을 닮은 누군가를 데려와서 해결될 수 있는 게 아니다.

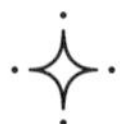

이 세상에 구멍이 하나 뚫렸다. 그가 있던 그 자리에는 이제 아무것도 없다. 한때 이 세상에 존재했던 다른 것과 비교할 수 없는 추억, 희망, 지식과 사랑이 사라졌다. 오직 빈 자리만이 남아 있을 뿐이다. 한때 이 세상 속에서 움직이던, 이 세상에서 단 하나뿐이던, 이 세상을 향한 관점 하나가 떨어져나갔다. 오직 허공만이 남아 있을 뿐이다.

그가 보던 것을 보며, 그가 알던 것을 알며, 그가 기억하던 것을 기억하며, 그가 사랑하던 것을 사랑하는 사람은 아무도 없다. 한 사람, 그 누구와도 대치할 수 없는 그 한 사람이 가버렸다. 어느 누구도 다시는 그가 했던 것처럼 세상을 감상하지 않을 것이다. 어느 누구도 다시는 그가 존재했던 것처럼 이 세상에 존재하지 않을 것이다. 그를 향한 나의 질문들은 결코 답을 얻지 못할 것이다.

세상은 더욱 빈 곳이 되었다. 내 아들이 가버렸기 때문이
다. 오직 구멍 하나가 남았다. 다시는 채워지지 못할 허공, 빈
자리만 남았다.

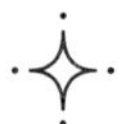

고통 가운데 있는 사람에게 무슨 말을 할까? 어떤 이들은 '지혜의 말'을 하는 은사를 받았다. 그런 사람들에게 깊은 감사를 전할 뿐이다. 우리에게도 그런 은사를 가진 사람들이 많이 있었다. 하지만 모든 이들이 같은 은사를 받은 것은 아니다. 어떤 이들의 입에서는 어색하고 엉뚱한 말들이 튀어나왔다. 그것도 역시 괜찮다. 지혜의 말이 아닌들 어떤가. 말 자체보다는 그 말을 하는 사람의 마음이 전해져야 한다. 할 말을 찾지 못했다면 그냥 이렇게 말해도 좋다. "무슨 말을 해야 할지 모르겠네. 단지 우리가 자네의 슬픔에 함께 동참하고 있다는 사실만 알아주게나."

또는 말없는 포옹도 좋다. 아무리 지혜로운 말이라고 해도 어차피 고통을 덜어줄 수는 없다. 지혜의 말들은 새 날을 향해 가는 이땅에서의 우리의 여정에 고통 이외에 다른 것도 존재한다는 것을 보여주는 증거가 된다. 존재하는 다른 모든 것들 가운데 최고는 사랑이다. 사랑을 표현하라. 사랑이 없는 가운데 자식의 죽음을 맞이하는 것처럼 소름 끼치게 잔인한 일이 또 있을까?

그러나 제발 죽음이 그리 나쁜 것이 아니라는 말만은 하지 말라. 왜냐하면 죽음은 정말 나쁜 것이기 때문이다. 죽음은 끔찍하며 악마가 주는 고통과도 같다. 만일 당신이 나를 위로하면서 "죽음이란 그리 나쁜 것이 아니에요"라고 말하는 것이 자신의 의무라고 믿는다면, 당신은 내가 애통함에 빠져 있는 동안 내 곁에 앉지 않고 멀리 떨어져 저만치 서 있는 사람과 같다. 그렇게 떨어져 있는 사람은 내게 아무 도움도 되지 않는다. 내가 진정 듣고 싶은 말은 자식의 죽음이 얼마나 고통을 안겨주는지 당신이 알고 있다는 말이다. 나는 당신이 절망 가운데 있는 나와 함께 있다는 말을 듣고 싶다. 나를 위로하기 위해서는 내게로 다가와야 한다. "이리로 와서 내 통곡의 벤치에 나와 함께 앉아주세요."

나는 안다. 때때로 사람들은 어떤 일에 대해서 실제보다 더 끔찍하게 생각한다는 것을…. 그런 점은 부드럽게 생각하도록 고쳐주어야 한다. 그러나 어느 누구도 죽음에 대해서는 실상보다 더 끔찍하게 생각할 수는 없다. 죽음이 별로 나쁘지 않다는 생각이야말로 고쳐야 한다.

　어떤 이들은 죽음이란 주제 자체가 너무 고통스럽기 때문에 더 이상 말을 잇지 못한다. 그들은 자신들이 무너져내릴까봐 두려워한다. 그래서 그런 이들은 용감한 얼굴을 하고 자신들의 감정에 덮개를 씌운 채, 절대 뒤돌아보지 않으려고 한다. 그러나 이런 태도는 애통하는 이의 슬픔에 새로운 고통만 더해줄 뿐이다. 당신의 눈물이야말로 우리의 상처에 위안의 연고가 된다. 당신의 침묵은 우리의 상처에 흩뿌려지는 소금이 된다.

　어느 정도 세월이 흐른 후, 누군가 내게 안부를 물을 때, 만일 내가 재빨리, 별 생각도 없이 "잘 있다오" 혹은 "괜찮아"라고 대답을 한다면, 때로는 내 말을 가로막고 이렇게 물어주면 좋겠다. "아니, 정말로 어떤가?"

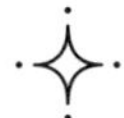

내 두 손으로 에릭을 요람에서 안아올렸다. 작고 부드럽고 따스하며 생명이 충만했다. 그리고 그 두 손으로 나는 관 속에 누운 그를 만졌다.

잠시 망설였다. 이 마지막 행위의 고통을 내가 견딜 수 있을까? 쿠프슈타인에서 나는 그의 육신을 보지 않았다. 너무 엉망진창이라고 장의사들이 말해주었다. 그러나 그의 시신이 미국에 도착한 토요일에 아내 클레어는 아들의 시신을 보겠다고 고집을 부렸다. 아내의 판단이 옳았다. 사랑하는 이의 죽음을 눈으로 직접 보고 손으로 직접 느끼는 기회를 갖지 못한 사람들에게 나는 연민을 느낀다. 그들은 죽음을 머리로 생각할 수는 있겠지만, 결코 감각으로 느낄 수는 없을 것이기 때문이다. 죽음의 현실, 잔인한 종말을 온전히 받아들이려면, 우리의 눈과 손으로 죽음의 냉기와 굳어버린 육신을 만져보아야 한다. 몸과 몸이 부딪히면서 오는 고통을 온몸으로 느끼면서 말이다. 머리로만 죽음을 아는 것은 죽음을 온전히 알았다고 할 수 없다.

보고 만지는 것은 또한 일종의 작별 행위다. 살아 있는 두 사람이 서로에게 마지막 인사를 하는 것같이 온전한 작별 행위는 아닐지라도 그래도 그것은 여전히 작별 행위다. 비록 우리의 존재가 육신으로만 이루어진 것은 아니지만, 이땅에서 우리가 소유한 것 중에 우리의 육신보다 더 친밀한 것은 없지 않은가? 오직 육신을 통해서만이 우리는 이땅에 사는 것이다. 나도 에릭을 육신을 통해서 알았다. 요람에 누운 그를 만지면서 이 세상에 나온 것을 환영했던 것같이 이번에는 그가 거했던 육신을 만지면서 그에게 작별을 고했다. 환영도 작별도, 우리의 손으로 직접 하는 것이 가장 좋은 방법이다.

관 속에 누운 그의 몸 가운데 얼굴만 보였다. 그의 얼굴은 망가지지 않았다. 여기저기 몇 군데 난 상처와 머리카락에 묻은 핏자국 외에는 괜찮아 보였다. 에이미는 그가 마치 우리가 모르는 것을 알고 있는 것같이 보인다고 했다. 그 말을 듣자 어렸을 적부터 이미 '모든 것을 다 아는' 것처럼 행동하곤 했던 에릭이 떠올랐다.

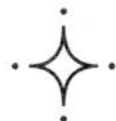

내가 두려워했던 것과는 달리 장례식은 내 영혼에 안식을 가져다 주었다. 에릭의 부재로 인한 나의 슬픔을 위로하지는 못했지만 대신 아들의 죽음이 모든 것의 끝이 아니라는 깊은 자각을 불러왔다.

몇 년 전 나는 우리 교회에서 장례 예배를 드릴 때 사용하기 위해 예배 순서를 만들어놓았다. 우리 가족과 절친한 친구의 아내가 뇌종양으로 고생하고 있었는데, 그 친구가 아내를 위한 장례 예배 순서를 짜달라고 내게 부탁했던 것이다. 그때 그 예배 순서를 만들면서, 나는 아마도 내가 만든 이 예배 순서를 처음 사용하는 것이, 그녀의 장례식이 아닐 수도 있다는 막연한 예감을 가졌다. 그렇지만 그 장례 예배 순서가 내 아들의 장례 예배에 처음 사용될 줄이야 꿈엔들 생각했겠는가? 암으로 투병중인 친구의 아내는 에릭의 장례 예배에 와서 앉아 있었다.

예배는 우리 가운데 함께했던 에릭의 존재에 대해 하나님께 감사를 드리는 부분과, 이제는 더 이상 에릭이 우리와 함께하지 못함으로 인한 슬픔을 표현하는 부분으로 이루어져 있었다. 부활에 대한 소망을 노래하기도 한 이 예배는 이런 말로 시작되었다.

무릇 그리스도 예수와 합하여 세례를 받은 우리는 그의 죽으심과 합하여 세례 받은 줄을 알지 못하느냐 그러므로 우리가 그의 죽으심과 합하여 세례를 받음으로 그와 함께 장사되었나니 이는 아버지의 영광으로 말미암아 그리스도를 죽은 자 가운데서 살리심과 같이 우리로 또한 새 생명 가운데서 행하게 하려 함이라 만일 우리가 그의 죽으심과 같은 모양으로 연합한 자가 되었으면 또한 그의 부활과 같은 모양으로 연합한 자도 되리라 우리가 알거니와 우리 옛 사람이 예수와 함께 십자가에 못박힌 것은 죄의 몸이 죽어 다시는 우리가 죄에게 종노릇 하지 아니하려 함이니 이는 죽은 자가 죄에서 벗어나 의롭다 하심을 얻었음이라 만일 우리가 그리스도와 함께 죽었으면 또한 그와 함께 살 줄을 믿노니(롬 6:3-8).

그리고 예배는 이런 말로 끝이 났다.

나는 사랑하는 사람을
잃었습니다

오, 자비로운 구세주여, 당신의 자애로운 손에 당신이 사랑하시는 종 에릭을 맡깁니다. 당신의 우리 안의 양, 당신이 기르시던 어린양, 당신이 대속하신 죄인을 받아주시길 간구하나이다. 변치 않는 자비로운 팔로 그를 받아 영원한 평안의 안식처로 인도하시고, 당신의 빛 가운데 거하는 영광스러운 이들과 함께 있게 하소서. 당신의 평안의 나라가 속히 오기를 바라나이다.

그 기도문은 말뿐만 아니라 행위와 상징들을 포함하고 있었다. 예배의 시작을 알리는 말과 함께 관 위에는 단순하면서도 너무나 아름다운 천이 덮여졌다. 그 천 덮개는 몇 년 전 암으로 투병중인 친구의 장례 예배 때 쓰려고 교인들이 함께 만든 것이었지만, 에릭의 장례 예배에 처음으로 사용되었다. 관을 덮은 천 위에 에릭의 형제 중 하나가 백합을 올려놓았다.

음악은 훌륭했다. 어떤 노래는 회중이 함께 불렀고 어떤 노래는 성가대와 회중이 화답하는 형태였다. 그 음악의 대부분은 프랑스 떼제(Taize) 공동체의 것을 사용했다. 그 음악에 사용된 악기들은 에릭이 몹시 좋아했던 첼로와 리코더였다.

그리고 우리는 성찬식을 통해서 우리의 상함에 하나님이 참예하시는 것을 기념했다. 그리고 연달아 그룹을 지어 강대상 쪽으로 나와서 에릭의 관을 중심으로 원을 그리고 서서 그리스도의 상함의 상징을 서로에게 전달했다. 맨마지막으로 온유하고 부활하신 예수 그리스도의 부활시키시는 손에 에릭을 바치는 순간이 왔다. 나는 우리에게 쏟아부어준 사람들의 사랑과 믿음에 주체할 수 없는 깊은 감사를 표현하기 위해 앞으로 나와섰다.

예배중에 클레어는 한나의 애가를 낭독했다. 나는 예식에서 순서를 맡아야 한다는 모든 제안을 거절했다. 왜냐하면 내 아들의 장례 예배에서는 설교를 하지 못하리라고 확신했기 때문이었다. 그러나 나는 회중 앞에 섰다. 뺨에서 눈물이 흘렀다. 그들의 뺨에서도 눈물이 흐르며 눈물에 눈물로 답을 하고 있었다. 나는 애써 말을 정리하며 그들에게 인내하고 들어달라고 부탁했다. 나는 그들이 보여준 사랑에 감사를 표했고, 잠시 에릭에 관해 이야기했다. 뭐라고 말했는지 잘 기억나지 않는다. 다만 에릭이 활짝 피기 전에 꺾인 한 송이 꽃이라는 것과, 그가 죽기 전까지는 내가 그를 얼마나 사랑했는지 몰랐다는 것과, 그가 몹시도 사랑했던 산이 그의 죽음이 되었다는 사실을 말했다.

마지막 장례송인 '모든 성도를 위하여'(For all the Saints)를 부를 때 나는 아직 기운이 남아 있다는 것을 알았다. 그런 후에 우리는 나섰다. 내가 부활의 촛불을 들었고 클레어는 내 곁에 함께했다. 우리 뒤로 가족들과 에릭의 관이 뒤따랐다.

사람들이 가까이 다가왔지만 촛불은 여전히 밝은 빛을 내면서 타올랐다. 장의사들이 관을 내어가려고 비집고 들어오는 것이 보였다. 이제 나는 어떻게 하면 되는가? 내 아들의 부활을 상징하는 이 촛불을 불어서 꺼야 하는가? 왜 어느 누구도 이 마지막 의식이 주는 감당할 길 없는 고통을 예상하지 못했을까? 그냥 촛불에 불과한데…. 그러나 그것은 촛불 그 이상이었다.

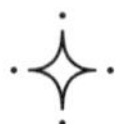

그 따스한 유월에 나는 내 자신을 묻었다. 소리가 나는 줄에 매달아 뜨겁고 메마른 구덩이 속에 인부들이 내려놓은 것은 바로 나였다. 호기심 많은 이웃집 아이들이 나를 내려다보고 있다. 모든 사람이 멈추었고 바람만이 떡갈나무 잎을 스쳐간다.

우리가 들어올릴 수도 없는 무거운 관 뚜껑 속에 갇힌 것은 바로 나였다. 우리가 삽으로 흙을 퍼서 덮은 것은 바로 나였다. 시편을 읽어준 후 남기고 떠나온 것은 바로 나였다.

나는 사랑하는 사람을
잃었습니다

상처 입은 사랑은 특별한 사랑이 된다

나는 광야의 당아새 같고

황폐한 곳의 부엉이같이 되었사오며

내가 밤을 새우니 지붕 위에

외로운 참새 같으니이다

내 원수들이 종일 나를 훼방하며

나를 대하여 미칠듯이 날치는 자들이

나를 가리켜 맹세하나이다

나는 재를 양식같이 먹으며

나의 마심에는 눈물을 섞었사오니

이는 주의 분과 노를 인함이라

주께서 나를 드셨다가 던지셨나이다

내 날이 기울어지는 그림자 같고

내가 풀의 쇠잔함 같으니이다 (시 102:6-11).

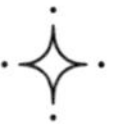

도대체 무슨 의미인가? 에릭이 죽었고, 우리 앞에서 사라졌으며, 흙으로 덮여 더 이상 움직임도 없다는 것은 무슨 뜻인가? 그렇게 산산조각이 나버린 사랑은 우리에게 의미를 넘어서 존재하는가? 의미를 깨뜨리는 것인가? 이 모든 것이 수수께끼, 엄청난 수수께끼인가?

"모든 인류는 한 저자(著者)의 작품이며, 한 권의 책이다. 따라서 한 사람이 죽을 때 그것은 그 책에서 한 장(章)이 찢겨나가는 것이 아니라 보다 나은 언어로 번역되는 것이다. 그리고 모든 장(章)이 그렇게 번역되어야 한다. 하나님께서는 여러 명의 번역자를 두셨다. 어떤 작품은 나이에 의해서, 어떤 작품은 질병에 의해서, 어떤 작품은 전쟁으로, 어떤 작품은 정의의 이름으로 번역된다. 하지만 이 모든 번역 가운데 하나님의 손이 함께하신다. 하나님의 손은 흩어진 낱장들을 묶어매신다. 하나님의 도서관에서는 서로가 서로에게 활짝 열려 있다. 그러므로 예배의 시작을 알리는 종소리가 설교자를 위함이 아니고, 회중 전체를 부르는 것과 마찬가지로 우리 모두를 부르는 것이다.

어떤 인간도 혼자서 전체를 이루는 섬이 될 수 없다. 모든

나는 사랑하는 사람을
잃었습니다

인간은 대륙의 한 조각, 대양의 일부다. 한 점의 흙이 파도에
쓸려간다면, 유럽 대륙은 그만큼 줄어들 것이며, 만일 모랫벌
이 그렇게 되더라도, 당신 친구나 당신 자신의 영지가 그렇게
되더라도 마찬가지다. 어느 누구의 죽음이라도 그것은 나 자
신이 줄어드는 것을 의미한다. 이는 내가 인류의 한 부분이기
때문이다. 그러므로 누구를 위해 종이 울리는지 알려고 사람
을 보내지 말라. 종은 바로 그대를 위해 울린다."

— 존 던

어떤 이들은 감정에 덮개를 씌운 채
절대 뒤돌아보지 않으려 한다.
그러나 이런 태도는 애통하는 이의 슬픔에
새로운 고통만 더해줄 뿐이다. 당신의 눈물이야말로
우리의 상처에 위안의 연고가 된다.
당신의 침묵은 우리의 상처에 흩뿌려지는 소금이 된다.

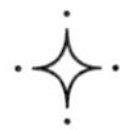

부드러운 산들바람이 내어모는 안개,

수풀 사이에서 날아오르는 새의 날개짓,

눈의 낙하(落下),

촛불의 깜박거림,

하루가 지난 백합,

우리의 존재는 그처럼 덧없다.

한 번의 헛디딤,

빗나감,

충격,

깨달음,

그러고는 사라진다.

"말하는 자의 소리여 이르되 외치라 대답하되 내가 무엇이

라 외치리이까 하니 이르되 모든 육체는 풀이요 그의 모든 아
름다움은 들의 꽃과 같으니 풀은 마르고 꽃이 시듦은 여호와
의 기운이 그 위에 붊이라 이 백성은 실로 풀이로다"

— 이사야 40장 6-7절

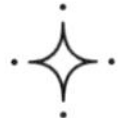

이제 온 세상은 달라져 보인다. 분홍빛은 자줏빛으로 변했고 노란색은 갈색으로 변했다. 산등성이를 바라보면 마치 십자가가 서 있는 듯하다. 찬송가와 시편도 스스로 새 단장을 했는지 이전에는 눈에 들어오지 않던 이런 구절들이 지면에서 불쑥 뛰쳐나올 것만 같다. "그가 네 발이 헛디디지 않도록 하리라."

즐거운 추억이 담긴 사진들은 예전에는 웃음을 선사했지만 이제 고통만 일으킨다. 에릭의 어릴 적 사진을 쳐다보는 것이 왜 그리 어려운지? 아마 여섯 살쯤 되었을 것이다. 자기 키보다 큰 물고기를 들고 선 이 사진 말이다. 어째서 다 자란 에릭의 사진을 보는 것이 더 쉬운 것인지? 옛 제자들을 만나는 기쁨도 사라졌다. 그들은 에릭의 친구였다. 그들은 저토록 생기 넘치게 살아가고 있는데 에릭은 땅 속에서 썩어가고 있다는 생각을 떨칠 수가 없다.

무엇인가가 끝나버렸다. 내 실존의 가장 깊숙한 곳에서 그 무엇인가가 끝이 났다. 종말을 고한 것이다. 내 삶은 그 사건 이전과 이후로 나뉘어졌다. 젊어서 남편을 일찍 떠나보낸 한 친구는 자신에게 있어서 남편의 죽음은 자신의 젊은날이 끝 났음을 의미했다고 말했다. 나의 젊음은 오래 전에 지나갔지 만 나는 그녀가 한 말의 의미를 알 수 있을 것 같다. 그 무엇 인가가 끝이 났다는 것을 말이다.

에릭과 내가 함께했던 곳에 있을 때면 무엇인가가 끝나버 렸다는 느낌이 강력하게 몰려와 나를 삼켜버리는 듯하다. 집 에서는 그렇게 심하지 않지만 집을 제외한 다른 곳에서는 그 랬다. 특별한 따스함과 친밀감과 생생함을 함께 나누었던 순 간, 특별히 그의 소중함을 느끼게 했던 순간, 미래를 향한 소 망과 기대와 가능성에 부풀었던 순간, 나는 그 순간들을 기억 한다. 그 순간들을 떠올리면 에릭의 삶이 현재로 이어지는 대 신에, 모든 기억이 칠흑 같은 암흑의 장소로 들어가서 다시는 나오지 않는다. 책은 쾅 하고 덮이고 이야기는 중도에 멈춰 끝 을 맺지 못한다. 미래는 닫혀버리고 희망은 산산조각이 난다. 그 빛나는 순간들을 둘이서 함께 기쁜 추억으로 나누는 대신 살아 남은 나 혼자서 그 기억들을 져야 한다.

에릭에 관한 모든 기억들이 이와 같다. 모두가 그 칠흑 같은 암흑 속으로 들어가버린다. 모든 것이 끝났다. 끝이 나버렸다. 내가 할 수 있는 일이란 그를 기억하는 것뿐. 나는 그를 느낄 수가 없다. 이 기억들의 소유자인 그는 더 이상 내 곁에 함께할 수 없다. 이제 그는 내 삶 속에 있지 않고 내 기억 속에만 있을 뿐이다. 우리 둘 사이에 더 이상 새로운 것이란 있을 수 없다. 모든 것은 밀봉되어 과거에 갇혀버렸다. 하지만 나는 여전히 여기에 남아서 앞으로 가야 한다. 나는 다시 시작해야 한다. 하지만 이 새로운 시작은 먼젓번과는 너무 다르다. 그때 나는 이 짐, 끝나버린 이것을 지고 가지 않았다.

종종 나는 내 행복은 이제 끝났다고 생각한다. 과거의 사진들을 보면 내 머리 속에는 즉시 이런 생각이 들어찬다. '그때는 우리가 아직 행복했을 때야.' 그러나 나는 여전히 웃을 수 있다. 그렇다면 꼭 행복이 끝난 것만은 아니지 않을까? 아마도 끝이 난 것은 내 실존의 원음(原音)인 행복인지도 모른다. 이제 내 실존의 원음은 슬픔이 되어버렸다.

슬픔은 더 이상 섬이 아니라 바다가 되었다.

"슬픔은 줄어들 수 있는 것일까? 아니면 단지 슬픔을 아주 천천히 경험하며 통과할 수밖에 없는 것일까? 햇살이 눈부시고 하늘이 푸른 어느 하루. 낯선 해안가를 따라 넘실거리는 파도를 타는 돛의 그늘에서 보내는 어느 하루. 우리가 슬픔을 이기도록 이런 하루가 도와줄 순 없을까? 잠시 동안, 적어도 그날 하루 동안만이라도."

— 마리아 더뮤트,

「만 가지 일들」(The Ten Thousand Things)

나는 사랑하는 사람을
잃었습니다

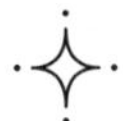

하루를 지나다보면 어느새 에릭을 그리워하고 있는 나 자신을 발견한다. 나도 의식하지 못하는 사이에, 에릭에게로 향하는 사랑의 여행을 떠나버린다.

이제 에릭은 없다. 그는 사라졌고 사랑으로부터 찢어져 떨어져나갔다. 상실에서 오는 고통은 밑으로 가라앉는다. 밑으로, 저 밑으로, 내 영혼의 저 밑으로 가라앉는다. 영혼의 추락의 끝은 어디인가?

상실은 그의 것이기도 하다. 이 얼마나 이상한 일인가! 그의 상실을 아프게 느끼는 것은 그가 아닌 나인 것을…. 젊은 나이에 갑작스럽게 맞은 그의 죽음은 우리의 상실일 뿐만 아니라 그의 상실이기도 하다.

그의 상실로 우리는 나무를 볼 수 없고, 음악을 들을 수 없고, 책을 읽을 수 없고, 책을 쓸 수도 없고, 성당 사이로 걸을 수 없고, 친구를 방문할 수 없고, 가족과 함께 있을 수 없고, 결혼할 수 없고, 교회에 갈 수 없다. 그리고 또 산에 오를 수도 없다.

이상한 꿈. 친구들과 함께 거리를 걷고 있었는데, 갑자기 한 명이 사라지는 꿈을 여러 번 꾸었다. 그냥 사라졌다. 내가 그에게 무엇을 말하려고 몸을 돌리자 그는 사라지고 없었다. 드디어 실종의 원인을 알게 되었다. 사악하고 악의에 가득 찬 한 인간이 친구를 데려간 것이다. 사악한 인간에 맞서야 했지만 나는 겁에 질려 한 발도 움직일 수가 없었다. 그때 용기를 주는 음성이 들린다. "두려워 말고 네가 할 일을 하라. 내가 너와 함께하리라."

엘마워할트(Ellmauerhalt) 정상 부근에서도 사악한 일이 일어났는가? 이런 생각은 지성을 가진 '현대인'으로서 마땅히 지워야 할 미신인가? 죽음으로 인해서 우리는 사랑이 아닌 증오를 직면한다.

다시 노력해보자. 모든 일들을 나는 인지한다. 나무, 그림, 집, 음악, 분홍빛으로 물든 아침 하늘, 작업 완수, 꽃, 책. 이 모든 것에서 기쁨을 얻던 것을 기억하고 있다. 여전히 그 안에서 기뻐한다. 여전히 그들로 인해 감사한다. 그러나 이제 열정은 사라졌다. 열정은 식어버렸고 열심은 잠잠해졌으며 갈망도 조용해졌다. 그들에 대한 내 애착이 느슨해진 것이다.

나는 더 이상 그것들에 내 마음을 싣지 않는다. 그것들 없이도 살 수 있게 되었다. 그것들은 중요하지 않다. 열심히 노를 젓는 대신 나는 그냥 떠다닌다. 나를 찾아오는 기쁨을 느끼기는 하지만 이제 더 이상 애써 구하고, 붙잡으려 하고, 목표로 삼지 않는다. 나 말고 어느 누구도 이런 변화를 눈치 채지 못했으리라.

나는 나만의 방식으로 나의 길을 간다. 세상이 주는 것을 여전히 수용하기는 하지만, 세상이 주는 약속을 잡으려고 더 이상 팔을 내밀지는 않는다.

나는 세상에서 외계인이 되어 마치 이 세상이 내 것이 아닌 양 수줍어하며 만져본다. 나는 더 이상 이 세상에 속한 사람이 아니다. 사랑하던 사람이 집을 떠나고 나면 집은 그저 건물에 불과하게 된다.

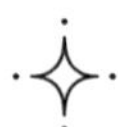

어느 가게에 들어갔다. 내 눈앞에서 펼쳐진 일상(日常)이 나를 밀어냈다. 양파를 바구니에 담고, 메론을 눌러보고, 이것 저것 우유를 들어본다. 점원들은 계산기를 두드리고 있다. "어서 오세요." "좋은 하루 보내세요." 이토록 범상치 않은 순간에 어떻게 모든 사람들은 아무렇지 않은 듯이 일상을 살아가고 있단 말인가?

연구실로 가다가 나는 자기 책상에 앉아 있는 직원들과 자기 자리에 앉아 있는 학생들과 자신의 강단에 서 있는 선생들을 보았다. 에릭이 미끄러져 떨어졌다는 사실을 그들은 모르는가? 우리가 그를 관에 넣어 그가 밖으로 나올 수 없도록 흙으로 덮어버린 것을 그들은 모르는가?

나는 조깅을 하려고 애썼으나 하지 못했다. 그것은 삶에 대한 지나친 확신의 표현이었다. 수영을 하러 가기 위해 친구들과 함께 차를 탔으나 몸이 움직여주지 않았다. 음악을 감상하는 것도 시도해보았다. 어째서 모든 음악이 그토록 확신에 가득 차 있는가? 이전에도 그랬던가?

그렇다면 죽은 자를 위한 '레퀴엠', 그 찬란한 브람스의 '독일 레퀴엠을 들어보자. 하지만 나는 음악을 꺼야 했다. 그 속에는 상함이 깃들어 있지 않았다. 그렇다면 처절한 상함을 노래하는 음악은 없는가? 아니, 다시 묻겠다. 상함을 담은 음악은 없단 말인가? 상함에 대해 노래하는 음악 속에는 상함이 담겨 있지 않다. 상함을 노래하는 음악이란 존재하지 않는 것인가?

사랑하는 이를 보내고 난 즉시 일에 몰두하는 사람들이 있다. 나는 그들에게 경의를 표한다. 나는 그렇게 할 수 없었다. 그렇게 할 수 있다고 해도 하지 않을 것이다. 일상 속으로, 확신에 찬 삶 속으로 당장 뛰어드는 것은 아들을 추모하는 나의 방식이 아니다. 그것은 내 아들을 기억하는 나의 방식이 아니며, 내 아들의 부재 속에서 믿음과 진실함으로 살아가는 나의 방식이 아니기 때문이다.

슬픔에 관해 쓴 몇 권의 책을 훑어보았다. 그 책들은 죽음과 고통을 직면하지 않는 방법들에 대해 말하고 있었다. 죽음을 직면하지 않고 돌아서서 내적인 '애통의 과정'을 가진 후, 합리화라는 무거운 손을 그 위에 올려놓는 방법을 제시하고 있었다.

나는 그렇게 하지 않을 것이다. 나는 얼굴을 돌리지 않을 것이다. 그래서 참으로 삶에는 고통 이상의 것도 있다는 사실을 내 자신에게 일깨워줄 것이다. 나는 기쁨을 받아들일 것이다. 그러나 에릭이 죽었다는 사실로부터 고개를 돌리지 않을 것이다. 그의 죽음에 서려 있는 악마적인 끔찍함을 간과하지 않을 것이다. 이것이 내가 에릭과 하나님께 갚아야 할 빚이다.

상상과 생각은 서로 일치하지 않는다. 때로는 마치 그가 죽은 것이 아니라 멀리 가 있는 것 같기도 하다. 내 눈에 그가 보이기도 한다. 그럴 때면 내 생각이 가로막고 들어와 이렇게 말한다. '에릭이 죽었다는 것을 기억해야지.' 25년 동안 나는 에릭이 무엇을 하고 있을까 상상해왔다. 내 상상은 지금도 계속된다. 이제 나에게는 자연스럽게 에릭을 떠올리다가는 이내 고통스럽게 그의 죽음을 떠올리는 일을 반복하는 이상한 습관이 생겼다.

나는 떠올리는 것에서 멈추지 않고 듣기까지 한다. 에릭의 책과 옷들을 담은 상자들은 몇 주 동안 우리 집 현관에 그대로 있었다. 그 상자들을 딴 곳으로 옮길 용기가 없었다. 마침내 나는 그 상자들을 차고로 옮기기 시작했다. 다섯 번째 상자를 옮기는데 현관에서 나를 부르는 에릭의 명랑한 목소리가 크고 똑똑하게 들려왔다. "아빠, 다녀왔습니다."

내 머리 속에서 그의 머리카락은 언제나 붉은 색이다. 내 머리 속의 에릭은 언제나 스물다섯 살이다.

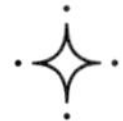

한 친구가 슬픔은 우리를 분리시킨다고 말했다. 그 친구에게 나는 날마다 감사한다. 그의 말은 애통에 잠긴 나는 행복한 너로부터 분리되어 있다는 뜻만이 아니었다. 그의 말은 슬픔을 함께 나누는 사이라고 해도 슬픔은 서로를 분리시킨다는 뜻이다. 비록 우리가 함께 애통해하고 있다고 해도 실제로 우리는 각기 다른 방식으로 애통해하기 때문이다.

모든 죽음에는 그만의 특징이 있듯이 같은 죽음을 향한 애통함도 모두 다르다. 애통함의 본질(inscape)이 다른 것이다. 그러므로 각자의 역동적인 슬픔은 다른 사람의 판단이 개입되지 않는 가운데 스스로 해결해야 한다. 당신은 오늘 눈물을 흘리나 어제는 눈물이 말랐고, 나는 어제 눈물을 흘렸으나 오늘은 눈물이 마른 것을 이상하게 여긴다. 그러나 나의 슬픔이 당신의 슬픔은 아니다.

무언가가 더 있다. 나는 내 삶을 회복하기 위해 너무나 힘겨운 투쟁을 해야 하기에 당신에게 손을 내밀 겨를이 없다. 그 점에서는 당신도 마찬가지다. 애통에 잠기지 않은 다른 누군가가 우리 둘에게 손을 내밀어야 한다. 그러므로 "우리 함께합시다"라고 사람들이 말할 때 그때가 그들에게는 행복한 순간이다.

자식의 죽음을 형용할 수 없을 정도로 고통스럽게 만드는 것은 무엇인가? 내 아버지를 땅에 묻는 것도 힘들었다. 그러나 자식을 땅에 묻는 것과는 비교가 되지 않았다. 부모를 먼저 보내는 것은 예상할 수 있는 일이다. 그러나 내 나이에 이르러서는 자식을 먼저 땅에 묻게 되리라고 예상하지 않는다. 자식을 땅에 묻는 것은 미래를 향한 기대를 뒤흔들어 바꿔놓는 것이기 때문이다.

하지만 그 이상의 무엇인가가 있다. 그보다 더한 것을 느끼지만 입으로 표현할 수가 없다. 자식은 이 세상에 연약하고 상처 받기 쉬운 이로 나온다. 삶을 시작한 직후부터 우리는 자식을 보호한다. 아이는 자신을 보호할 아무런 장치 없이 이 세상에 나온다. 그래서 부모들은 즉시 자기 자신을 아이에게 준다.

아이가 자신의 감정과 생각과 선택들을 드러내기 시작한다. 그러면 우리는 기뻐하며 우리가 가진 모든 것으로 아이를 만들고 인도하며 이끄는 데 힘쓴다. 타인의 삶이 무력함에서 자립으로 옮겨가는 동안 우리 자신의 것을 주는 것이다. 아이의 성장에 맞추어 우리가 가진 것을 주려고 최선을 다하며, 아이가 성장해감에 따라 우리가 주는 것도 성장해가는 것이다. 우리가 이 가냘픈 아이와 함께하며 모든 것을 주는 것은 그 아이에게 미래가 있게 하기 위해서였다. 기쁠 때 함께 기뻐하며 슬플 때 함께 슬퍼할 수 있는 미래 말이다. 우리의 계획과 소망과 두려움은 아이의 미래를 향한 계획과 소망과 두려움이다. 세월이 흘러가며 우리는 옹알이에서 웅변으로, 걸음마에서 산행으로, 의존에서 동등함으로, 이렇게 틀을 갖추어가는 미래를 지켜보면서 기쁨과 실망을 경험한다.

그런데 이제 그 아이는 가버렸다. 내가 껴안았던 그 미래는 풍비 박산이 났다. 그는 내 품안에서 미끄러져 나갔다. 25년 동안 나는 두 손으로 그를 지키고 지탱하며 격려를 아끼지 않았고, 당당한 한 사람의 남자로서 장성하도록 도왔다. 그런데 그런 그가 미끄러지면서 산산조각이 났다.

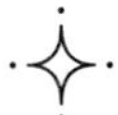

그는 특별한 사람이었는가? 내가 그를 어느 누구보다 사랑했던가? 그의 형제들과 누이보다도 그를 더 사랑했던가? 다른 아이들이 내 눈물을 볼 때, 내가 에릭을 자신보다 더 사랑했다고 생각할까?

나는 히틀러의 부하들이 유대인 부모들 앞에 던졌던 끔찍하리만치 잔인한 선택을 상상해본다. 네 자식 중 하나를 선택하면 나머지는 목숨을 살려줄 것이고, 만일 선택을 하지 못하면 모두 죽이겠다고 했다던가. 나라면 어떻게 했을까? 어떤 부모가 자식 중에 하나를 더 사랑한다면 사랑하는 자식을 선택할 것인가, 아니면 사랑과 죄책감이 뒤섞인 가운데 그를 선택하지 않을 것인가? 나라면 아마 꼼짝달싹하지 못했을 것이다. 나는 내 아이들을 똑같이, 그러나 각기 다르게 사랑한다. 어느 누구도 다른 아이보다 더 특별하지는 않다. 아니 오히려 모든 아이가 각각 특별하다. 제각기 내가 기뻐하는 인간 본성을 가지고 있는 것이다. 나는 아이들 모두로 인해 기뻐하고 그들을 각각 사랑한다.

에릭을 특별하게 만든 것은 사랑 때문이 아니라 죽음 때문이다. 그는 나의 고통 속에서 특별한 존재다. 감사를 드릴 때면 나는 다섯 아이의 이름을 부른다. 하지만 내가 애가(哀歌)를 부를 때는 에릭의 이름만 부른다. 상처 입은 사랑은 특별한 사랑이 된다. 그 상처 안에서 특별하게 되는 것이다. 이전에는 그렇지 않았지만, 이제 나는 매일 에릭을 생각한다. 다섯 아이 중에서 무덤을 가진 것은 오직 그뿐이다.

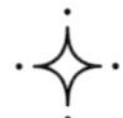

한 형상이 나를 떠나지 않는다. 전장(戰場)에서 진격중이다. 내 아버지는 이미 죽었다. 최전선에서 나는 공격을 시작한다. 뒤를 돌아보니 내가 보호해야 할 사람이 쓰러져 있다.

명절은 이제 가장 암울한 날이 되어버렸다. 추수감사절, 크리스마스, 부활절, 오순절, 생일들, 결혼식, 그리고 연말과 연시. 행복과 기쁨의 축제가 되어야 할 날들이 이제 통곡의 날들로 변했다. 그날의 의미와 내 마음 사이에는 너무나 큰 간격이 존재하기 때문이다.

일상의 나날들은 견딜 만하다. 그런 날에는 축제의 노래를 두려워하지 않아도 된다. 그러나 언제나 한 사람이 모자라는 이 황폐한 땅에서 내가 어떻게 축제의 노래를 부를 수 있단 말인가?

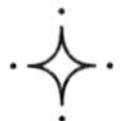

상투적으로 던지는 질문들이 종종 나를 질겁하게 만든다. "이번 크리스마스에는 온 가족이 모이나요?" 내가 무슨 말을 할 수 있겠는가? "예." 나는 대답한다. "모두가 집에 모이겠지요."

"자녀들은 지금 어떻게들 지내나요?" 한 명씩 순서대로 이야기한다. 에이미, 로버트, 클라아스, 크리스토퍼. 그러나 한 아이는 생략한다. 한 아이가 생략되었다는 것을 말할 것인가, 아니면 그냥 지나갈 것인가. "자녀가 몇입니까?" 어떻게 대답할까? "넷입니다" 아니면 "다섯입니다"라고 해야 할까? "다섯입니다." 대개는 이렇게 대답한다. 때로는 설명을 붙이고, 때로는 아무 말도 하지 않는다.

일상의 나날들은 견딜 만하다.

그런 날에는 축제의 노래를 두려워하지 않아도 된다.

그러나 언제나 한 사람이 모자라는 이 황폐한 땅에서

내가 어떻게 축제의 노래를 부를 수 있단 말인가?

누군가 아내에게 이렇게 말했다. "에릭의 죽음을 평안하게 받아들이고 사는 법을 익히기 바랍니다." 평안, 샬롬(shalom), 살람(salaam). 샬롬이란 삶의 모든 면에서 충만함을 뜻한다. 샬롬이란 하나님, 이웃, 자신, 만물과 더불어 화평함과 기쁨에 거하는 것을 의미한다.

죽음은 샬롬의 원수다. 죽음은 사탄 편에 있다. 우리는 죽음과 더불어 평화를 누릴 수 없다.

요한계시록의 저자는 다가올 샬롬에 관해 이야기하면서, 하나님께서 우리의 모든 눈물을 그 눈에서 닦아주시는 그날에 우리가 죽음과 더불어 평화를 누릴 것이라고 말하지 않았다. 그는 이렇게 말했다. 그날에는 "다시 사망이 없고 애통하는 것이나 곡하는 것이나 아픈 것이 다시 있지 아니하리니 처음 것들이 다 지나갔음이러라."

우리의 삶은 아직 낡은 법 아래 있다. 그 사실을 기억하며 나는 상처가 아물지 않도록 애쓸 것이다. 나처럼 통곡의 벤치에 앉은 이들과 함께 그 상처가 아물지 않도록 할 것이다.

내 마음에 가득한 후회를 어떻게 하면 좋을까? 산책을 가면서 어린 에릭을 데리고 가지 않은 것에 대한 후회. 에릭과 함께 있어주기보다 일을 더 우선시했던 것에 대한 후회. 에릭에게 편지 쓰는 것을 게을리했던 것에 대한 후회. 평정심을 잃고 화를 냈던 것에 대한 후회. 모두 다 후회가 된다. 그에게 상처를 주었던 모든 순간들이 후회로 되살아난다. 내가 에릭에게 어떤 상처들을 주었는지 마땅히 알았어야 함에도 나는 그렇게 성숙하지 못했다. 에릭이 슬픔에 빠진 것을 보았으면서도 위로하지 못했다.

하나님의 형상을 고스란히 간직한 그의 본질(inscape)이 우리 가운데 있을 때 그것이 얼마나 소중한지 몰랐다. 그의 소중함을 깨달은 때에도 매번 그가 얼마나 소중한지 말해주지 않았다. 그가 멋있던 모든 순간, 혹은 멋진 일을 했던 모든 순간에, 때로는 잊어버려서 때로는 그저 표현하지 않은 채 지나쳤던 것이 후회가 된다. 때로는 내 자신의 일만을 전심으로 추구했기에, 때로는 나의 염려가 나의 온 마음을 빼앗아 갔기에, 그리고 때로는 그가 자신의 탁월함에 도취하지 않기를 바랐기에….

이 가득한 후회의 바구니를 어쩌면 좋단 말인가? 등산의 위험에 대해 더 자주 엄중하게 경고하지 않았던 것을 후회한다. 살아 있는 사람 앞에서는 태도를 바꾸는 것이 가능하다. 자존심을 조금만 죽이면 잘못했다고 말할 수도 있다. 사람보다 일을 더 좋아한다면 돌이킬 수도 있다. 그러나 죽은 사람 앞에서 드는 후회감은 어떻게 하면 좋은가?

한 친구가 나의 이런 의문에 대해 충고했다. "후회하지 말게나." 하지만 후회는 예고 없이 불쑥 마음에 들어온다. 내가 그 후회들을 애써 막아야 할까? 모든 것이 달랐더라면 하고 바라는 이 끝없는 후회의 행진을 멈추기 위해 기억을 통제하는 훈련이라도 받아야 하는가? 아니, 나는 그렇게 하지 않으리라. 내 마음에서 없애는 것은 내 방식이 아니다.

나는 하나님께서 나를 용서하셨다는 것을 믿는다. 결코 그것을 의심하지 않는다. 하나님과 나 사이의 문제는 해결되었다. 그렇지만 에릭과 나 사이의 문제는 어떠한가? 나의 후회는 사라지지 않고 남아 있지 않은가? 어쩌면 내 후회 중 일부는 용서를 필요로 하지 않을지도 모른다. 때로는 내가 할 수 있는 최선이 그뿐이었을 수도 있다. 우리가 사는 이 타락한 세상에서 항상 온전히 사랑한다는 것은 불가능하기 때문이다. 그러나 여전히 나는 후회하고 있다.

나는 후회와 더불어 살리라. 후회를 내 삶의 일부분으로 받아들여서 내 자신에게 입힌 상처 중 하나로 남겨두리라. 그러나 나는 그 후회를 영원히 바라보고 있지는 않을 것이다. 그 후회를 기억해 살아남은 자들에게 더욱 최선을 다하는 삶을 살 것이다. 그 후회를 기억함으로 언젠가 우리가 서로의 품안에 서로를 던지며 "미안해"라고 말할 수 있는 최후의 심판날을 향해 확실한 비전과 강한 소망을 가지게 될 것이다.

사랑의 하나님께서는 그런 날을 확실히 우리에게 허락하실 것이다. 사랑에는 그런 소망이 필요하다.

나는 후회와 더불어 살리라.

후회를 내 삶의 일부분으로 받아들여서

내 자신에게 입힌 상처 중 하나로 남겨두리라.

그러나 나는 그 후회를

영원히 바라보고 있지는 않을 것이다.

그 후회를 기억해 살아남은 자들에게

더욱 최선을 다하는 삶을 살 것이다.

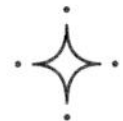

장례식이 끝나자 한 친구가 장례식에서 자신이 본 것은 믿음의 인내였다고 말했다. 그는 그것이 바로 욥기가 주는 메시지라고 덧붙였다. 나는 그 두 가지 말이 모두 옳다고 생각한다.

사람들이 내게 준 것 가운데 한 가지 나를 화나게 만든 것이 있었다. 그것은 역시 등반 사고로 아들을 잃은 한 아버지가 쓴 책이었다. 그 책의 저자는 자기 아들이 죽기 전 주일 예배에서 시편 18편을 읽었다고 했다. 거기서 그는 36절이 자신을 향한 구절이라고 했다.

내 걸음을 넓게 하셨고 나로 실족하지 않게 하셨나이다

자기 아들의 발은 실족하지 않았다고 한다. 하나님께서 그 산을 흔드셨다는 것이다. 그 아들이 본향으로 돌아와야 할 때

임을 하나님께서 결정하셨다는 말이다.

나는 이런 식의 경건은 그리스도의 복음이 전하는 메시지에 귀를 막은 태도라고 생각한다. 그 책에서는 죽음을 하나님께서 우리 인간들을 다루시는 정상적인 방법으로 이해하고 있었다. "너는 내 계획보다 더 오래 살았으므로 내가 산을 조금 흔들어야겠다. 거기 있는 너희 모두, 너희가 타고 있는 비행기 엔진 속으로 새 떼를 날려보내야겠다. 음, 그리고 너는 조깅하다가 심장마비가 나는 것으로 하는 게 좋겠어." 이렇게 말이다.

하지만 성경은 죽음을 극복하신 하나님에 대해 말하고 있다. 바울은 죽음을 일컬어 가장 정복하기 어려운 적이라고 했다. 하나님께서는 죽음에 질려 계신다. 내 아들의 죽음이 내게 주는 고통은 내 아들의 죽음이 그분에게 주는 고통인 것이다. 마찬가지로 하나님 아들의 죽음으로 인한 그분의 고통에 내가 동참하는 것이다.

하나님을 죽음의 사자로 보는 견해는 하나님과 우리 자신과 죽음을 합리적인 도식에 짜맞추는 것이다. 하지만 달리 보는 방식들도 있다. 랍비 쿠쉬너(Kushner)가 쓴 책에 보면, 하나님 역시 죽음으로 인해 고통을 받으신다. 어쩌면 우리가 고통받는 것보다 더 큰 고통을 말이다. 그리고 죽음에 대해서 하나님께서 하실 수 있는 일은 그리 많지 않다.

죽음을 말할 때, "하나님께서 데려가셨어"라는 한 마디에다 끼워 맞출 수도 없지만, "죽음에 관한 한 하나님께서 하실 수 있는 일이란 없어"라고 말할 수도 없다. 죽음에 관해서는 도무지 끼워 맞출 수가 없는 것이다. 욥이 그랬던 것처럼 나도 그저 인내할 따름이다. 나는 왜 하나님께서 에릭의 죽음을 막지 않으셨는지 모른다. 이런 의문에 대한 답을 찾지 못한 채 산다는 것은 위험한 일이다. 내 발을 어디에 두어야 할지 고민이다.

욥의 친구들은 욥의 고난에 대해서 애써 자신들이 답을 가르쳐주려고 했다. "하나님께서 하신 거야. 자네 자식들의 죽음은 하나님께서 하신 일이라니까. 자네 안에 있는 악함 때문에 하나님께서 나서신 거야. 자네를 벌주기 위해서 그렇게 하셨어. 우리가 보기에 자네의 삶은 그런 징계를 받을 이유가 없어. 그렇다면 자네의 비밀스러운 사생활에 틀림없이 무언가가 있었을 거야. 그게 뭐였는지 말해보게. 자백해봐."

욥기 기자는 하나님께서 자식들의 삶과 죽음을 부모들을 두고두고 할퀴는 채찍질로 보신다고 말하지 않는다.

나는 이에 관해 아무 설명도 할 수 없다. 너무나 깊고 가장 고통스러운 신비 앞에서 내가 할 수 있는 일이란 단지 인내하는 것뿐이다. 나는 전능하신 하나님 아버지, 하늘과 땅의 창조주, 예수 그리스도, 부활하신 그분을 믿는다. 또한 내 아들이 삶의 절정에서 꺾인 사실도 믿는다. 이 두 조각을 나는 끼워 맞출 수 없다. 어떻게 해야 할지 모르고 있다. 나는 하나님께서 인간을 대하시는 방법을 정당화하는 방편으로 생긴 신정론(神正論)을 읽어보았다. 확신이 가지 않았다. 나를 가장 고통스럽게 만드는 그 질문의 답을 나는 모른다. 하나님께서는 왜 에릭이 추락하는 것을 지켜만 보셨는지, 나는 그 이유를 모른다. 하나님께서는 왜 내가 상처 받는 것을 지켜만 보시는지, 나는 그 이유를 모른다. 추측도 할 수 없다.

루이스(C. S. Lewis)는 아내의 죽음에 대해 쓰며 고통중에서 하나님께 분노하고 있었다. 루이스야말로 그런 보잘것없는 취급을 당해야 하는 사람은 아니지 않은가? 나는 분노하지는 않았지만 좌절에 빠졌고 상처를 받았다. 대답 없는 질문이 내 상처인 것이다. 대답 없는 질문이 전 인류의 상처가 되었다.

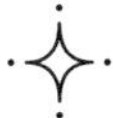

저는 막다른 골목에 다다랐습니다. 오, 하나님, 당신이 저를 여기로 데리고 오셨습니다. 오래 전에 저는 당신의 음성을 들었습니다. 오래 전에 저는 당신을 믿었습니다. 당신의 백성들과 삶을 나누었습니다. 그들의 기도, 그들의 일, 그들의 노래, 당신의 말에 귀 기울이고, 당신의 임재를 바라보았습니다. 당신의 멍에를 지는 것을 저는 쉽게 받아들일 수 있었습니다. 당신의 임재는 저를 미소짓게 만들었습니다.

정오에 어둠이 내렸습니다. "에릭이 죽었습니다"라는 말이 떨어짐과 동시에 빛은 희미해졌습니다. 이 어둠 속에서 하나님은 어디에 계신가요? 빛이 있을 때, 저는 당신을 훔쳐보는 법을 배웠습니다. 하지만 이 캄캄한 어둠 속에서 저는 당신을 찾을 수가 없습니다. 이전에 제가 당신을 찾은 적이 없었더라면, 찾았지만 결코 만나지 못했더라면, 당신의 부재가 이렇게 고통스럽지는 않을 것입니다. 지금 제가 있는 곳은 당신이 계시지 않은 곳이 아니라 당신의 임재가 희미하면서도 불안하게 함께하는 곳인가요?

제 눈이 이 어두움에 순응하게 될까요? 희미한 불빛조차 없는 완전한 어두움 속에서 당신을 찾을 수 있을까요? 그 속에서 당신을 찾아낸 사람이 있었나요? 당신을 발견하고 기뻐한 사람이 있었나요? 그들이 사랑을 보았나요? 불빛이 사라졌을 때 부를 노래가 있나요? 제가 배운 노래는 모두가 찬양과 감사와 회개의 노래뿐입니다. 어두움 속에서는 침묵하며 기다리는 것이 최선인가요?

애통하는 자는 새 날을 꿈꾼다

여호와께서 시온의 포로를 돌려 보내실 때에

우리가 꿈꾸는 것 같았도다

그 때에 우리 입에는 웃음이 가득하고

우리 혀에는 찬양이 찼었도다

그 때에 뭇 나라 가운데에서 말하기를

여호와께서 그들을 위하여 큰 일을 행하셨다 하였도다

여호와께서 우리를 위하여 큰 일을 행하셨으니

우리는 기쁘도다 여호와여 우리의 포로를

남방 시내들같이 돌려 보내소서

눈물을 흘리며 씨를 뿌리는 자는 기쁨으로 거두리로다

울며 씨를 뿌리러 나가는 자는 반드시

기쁨으로 그 곡식 단을 가지고 돌아오리로다(시 126편).

믿음은 한결같은 것이다. 그러나 하나님을 향한 나의 고백은 당황스럽고 불쾌하게 느껴질 만큼 자꾸 변했다. 내 말은 불분명하며 제한적이었다. 나는 에릭을 돌려달라고 간구하고 싶지만 그렇게 할 수가 없다. 그래서 빙빙 둘러대며 정곡을 찌르지 못한다. 하나님께 우리 가족을 지켜달라고 간구하기 원한다. 그러나 그 기도는 에릭을 위해 했다.

하나님께 올리는 간구의 한 형태로 나는 애가(哀歌)를 묵상한다. 시편 42편은 믿음의 인내를 노래한 애가다. 다음의 시편에서 애통함과 신뢰는 마치 활의 나무와 줄처럼 서로 긴장 관계에 있다.

내 눈물이 주야로 내 음식이 되었도다

시편 기자가 말한다. 기쁨이 아직 자신의 것이었을 때 세상이 어떠했는지 기억한다.

내가 전에 성일을 지키는 무리와 동행하여
기쁨과 찬송의 소리를 내며
그들을 하나님의 집으로 인도하였더니

그러나 이제는 다르다. 나는 낙망하며 불안해한다. 그러나 믿음은 죽지 않았다는 것을 나는 안다. 그래서 내 자신에게 말한다.

너는 하나님께 소망을 두라
그가 나타나 도우심으로 말미암아 내가 여전히 찬송하리로다
내 하나님이여

그러나 나의 낙망은 되살아나며 또다시 나의 반석되신 하나님께 매달린다.

어찌하여 나를 잊으셨나이까
내가 어찌하여 원수의 압제로 말미암아 슬프게 다니나이까

나는 사랑하는 사람을
잃었습니다

다시 믿음이 대답한다.

너는 하나님께 소망을 두라

나는 그가 나타나 도우심으로 말미암아

내 하나님을 여전히 찬송하리로다

애통함과 믿음, 믿음과 애통함 사이를 왔다 갔다 하면서 서
로 결합했다. 멍이 든 믿음, 갈망하는 믿음, 거의 텅 빈 믿음.

하나님이여 사슴이 시냇물을 찾기에 갈급함같이

내 영혼이 주를 찾기에 갈급하니이다

내 영혼이 하나님 곧 살아계시는 하나님을 갈망하나니

내가 어느 때에 나아가서 하나님의 얼굴을 뵈올까

그러나 인내의 간격을 두고 나도 노래를 부른다.

낮에는 여호와께서 그 인자하심을 베푸시고

밤에는 그의 찬송이 내게 있어

생명의 하나님께 기도하리로다

누군가 내게 물었다. "자네, 변했는가?" 그것은 내게 "세상이 달라져 보이는가"라는 의미로 물은 것이 아니다. 그것은 내 성격이 변했는가를 물은 것이었다. 내가 변했는가?

세상의 고통은 나의 내면 깊숙이 파고들었다. 이전에 나는 슬픔이 이토록 클 수 있는지 몰랐다. 반 년 전쯤 친구의 스물세 살 된 아들의 장례식에 간 적이 있었다. 그때 나는 친구가 느끼는 슬픔의 깊이를 헤아리려고 애썼다. 나는 이제서야 그때 내가 친구의 슬픔에 전혀 동참하지 못했다는 것을 깨닫는다.

모든 사람이 느끼는 고통에는 그 사람만의 깊이가 있다. 어떠한 사람도 다른 사람의 고통에 온전히 참예할 수 없다. 그러나 이제 나는 다른 이들의 고통에 이전보다 더 가까이 다가갈 수 있다. 아직도 나는 손에는 깡통을 들고, 곪아서 불룩 튀어나온 배를 한 아이를 데리고, 자신의 존재 자체를 전적으로 다른 사람들의 적선에 의존하고 있는, 빈곤 퇴치 포스터에서 흔히 볼 수 있는 어머니의 심정이 어떤지 온전히 알지 못한다. 아직도 나는 아르메니아인이나 유태인, 혹은 팔레스타인같이 조국의 존립 자체가 위기에 놓여 있는 국민의 일원으로 사는 것이 어떤 것인지 온전히 알지 못한다. 그렇지만 이전보다는 다른 이들의 고통을 좀더 헤아릴 수 있게 되었다.

그리고 또한 내가 할 수 있는 것이라고는 아무것도 없는 무기력한 상태가 어떤 것인지 알게 되었다. 나는 이런 상태에 맞서는 법을 배웠다. 오늘날 우리는 우리를 짓누르고 정복하려 드는 유쾌하지 못한 상황에 자주 직면한다. 시대가 그런 시대다. 때로는 우리가 이기기도 한다. 그러나 인류의 대부분은 그런 승리의 기쁨을 누리지 못하며 살고 있다. 그것은 그들에게 사치에 지나지 않는다. 우리 힘으로 용케 살아남을 수 있으리라는 환상을 죽음이 산산이 부서뜨려놓는다.

우리는 멀리 떨어져 있는 사람들과 전화로 만나고, 날개는 없지만 비행기를 타고 하늘을 날고, 더운 여름을 에어컨디셔너로 이겨냈다. 이보다 더한 일도 극복해온 우리에게 이제 두 가지 남은 게 있다. 우리 마음의 악과 죽음이 바로 그것이다. 의학의 발달로 어떤 이들은 우리가 죽음을 극복할 수 있다는 헛된 믿음에 빠진다. 그러나 죽음을 극복할 수 있는 기술은 없다. 이 사실은 누구나 다 안다. 죽음은 오직 하나님만이 극복할 수 있도록 남겨진 영역이다.

그렇다. 나는 변했다. 나는 의심하지 않게 되었다. 이것은 바람직하다. 그러나 만일 그 변화를 에릭과 바꿀 수만 있다면 나는 한순간도 망설이지 않을 것이다.

나는 사랑하는 사람을
잃었습니다

나는 기독교의 복음이 우리에게 고통의 의미보다는 죄의 의미에 대해 더 많이 말하고 있다는 것을 깨달았다. 복음은 죄의 뿌리가 하나님에게 있는 것이 아니라 인간의 의지에 있다고 말한다. 사랑 없음과 정의롭지 못한 성향은 인류의 역사 속에서 신비스러울 정도로 영속되어 왔다.

그러나 이는 우리의 성향에 머무를 뿐이다. 사랑 없음과 정의롭지 못함이 우리 속에 필연적으로 내재하는 것은 아니다. 죄는 우리에게 속해 있다. 이것에 대해 복음은 우리의 사랑 없음이 하나님을 고통스럽게 하고 슬프게 한다고 덧붙인다. 그런 다음에 복음이 온다. 이런 고통에 대한 하나님의 응답은 용서다. 보복하는 진노가 아닌 용서다. 그리고 예수 그리스도는 온 우주의 주인이 우리를 용서하신다는 사실을 전해주신다.

'왜' 고통이 따르는지에 대한 명확한 답은 우리에게 주어지지 않는다. 물론 어떤 고통은 전쟁, 폭행, 풍요 속의 빈곤, 상처 입히는 말과 같은 우리가 지은 죄의 결과라는 것을 쉽게 알 수 있다. 또 어떤 고통은 징계일지도 모른다. 그러나 전부 그렇지는 않다. 나머지 고통의 의미에 대해서는 아무도 우리에게 말해주지 않는다. 우리가 이해할 수 있는 의미의 폭은 아주 미비하다. 고통에는 우리의 죄보다 더 큰 무엇인가가 있다.

"구원자 이스라엘의 하나님이여 진실로 주는 스스로 숨어 계시는 하나님이시니이다"(사 45:15).

"하나님이 숨어 계신다고 확언하지 않는 종교는 진실한 종교가 아니다. 베레 투 에스 데우스 압스콘디투스(Vere tu es Deus absconditus). 진실로 주는 숨어 계시는 하나님이시다"(파스칼).

어쩌면 하나님께서 스스로를 '계시'하신다고 생각하는 것은 실수였는지도 모른다. 하나님께서는 '말씀'하신다. 그러나 말씀하심과 동시에 숨어 계신다. 그분은 당신의 얼굴을 우리에게 보이지 않으신다.

“하나님 어쩌고 하는 일일랑은 쓰레기통에나 던져버리게나.” 지독한 고통에 시달리던 내 친구가 말했다. “썩어빠진 세상이야. 자네하고 내가 속은 거라고. 바로 그거야.”

나는 꼼짝달싹 못하는 처지가 되었다. 어마어마하고 복잡한 이 세상을 둘러보면 만물이 우연히 생겼다고는 믿을 수가 없다. 세상이 창조되었다는 것을 뒷받침할 수 있는 훌륭한 논증을 내가 가졌거나 그 논증을 내가 믿는다는 의미가 아니다. 내가 말하려 하는 것은, 내가 이 세상에 대해 묵상할 때, 내 속에서 항거할 수 없는 확신이 샘솟는다는 것이다. 그 확신을 없애려고 하는 시도는 효과가 없다.

하늘을 바라보면, 하늘이 하나님의 영광을 선포한다는 것을 믿지 않을 수 없다. 땅을 보면, 땅이 하나님의 솜씨를 자랑하지 않는다고 아무리 믿으려고 해도 소용이 없다. 또한, 신약 성경을 읽고 그를 둘러싼 자료들을 들여다보면, 나사렛 예수라는 사람이 죽음에서 부활했다는 사실을 확신하지 않을 수 없다. 나는 거기서 예수님이 한 사람의 예언자 그 이상의 존재라는 증거를 본다. 예수님은 하나님의 아들이시다.

믿음이란 구름다리 같아서 그 위로 걸어보기 전까지는 그 다리가 과연 벌어진 틈 위에서 우리를 지탱해줄 수 있을지 확신하지 못한다. 나는 지금 바로 거기, 벌어진 틈 위에 서 있다. 구름다리를 찬찬히 훑어본다. 상처 받은 세상이 소리쳐 묻는 질문에 대한 답이 하나님 안에 있다고 믿는 것은 나의 착각인가? 내가 언젠가 그 답을 알게 될 거라고 믿는 것은 나의 착각인가? 내가 그 답을 알게 되는 순간 사랑의 승리를 보게 될 것이라고 믿는 것은 나의 착각인가?

창조주와 부활의 주가 되시는 하나님의 임재 가운데서 내 자신을 점검해보는 기분을 떨쳐버릴 수가 없다.

내 존재의 모든 것은 에릭을 다시 만나 이야기 나누기를 갈망한다. 누군가에게 이 말을 하자, 에릭을 다시 만난다면 무슨 말을 하고 싶으냐고 물어왔다. 나도 모른다. 어쩌면 엉겁결에 바보 같은 말이 불쑥 튀어나올지도 모르겠다. 그렇게라도 시작한다면 충분할 것이다. 우리는 거기서부터 대화를 이어갈 수 있을 테니까. 우리 둘 사이에 대화를 나누는 날이 올지 나는 매일 궁금해하며, 어떤 날에는 의심이 들기까지 한다. 그럴 때마다 한결같이 이런 목소리가 들려온다. "이 모든 것을 내가 만들었고 내 아들을 죽은 자 가운데서 일으킨 자도 바로 나라는 사실을 기억하라. 그러므로 역시 나는…."

"압니다. 알고 말고요. 그런데 왜 내 아들은 일으키지 않으십니까? 왜 내 아들이 죽도록 허락하셨습니까? 천지 만물을 창조하시는 데 엿새밖에 걸리지 않았다면 어째서 재창조하는

데 걸리는 시간은 고통스러울 정도로 긴가요? 태초의 혼돈을 그토록 빨리 정돈하셨다면 어찌하여 죄와 죽음과 고통을 정복하는 것은 고통스러울 정도로 느린가요?"

내가 에릭에게 첫마디를 건네게 되는 때는 하나님의 통치하심이 이땅에 온전히 임하는 순간일 것이다.

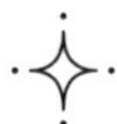

우리는 죽음에 둘러싸여 있다. 우리가 삶이라는 초원을 걸어가고 있는 동안, 죽음은 곳곳에 숨어서 기다리고 있다. 우리 뒤에, 왼편에, 오른편에, 앞쪽에, 흔들리는 풀이 있는 모든 곳에 있다. 그전에 나는 단지 죽음을 얼핏보기만 했다. 불빛이 너무 밝았는지도 모른다.

지금 이렇게 희미한 불빛 아래에서는 죽은 자들이 나타난다. 선생님, 동료, 친구들의 자녀, 고모, 삼촌, 어머니, 아버지, 내가 듣는 음악의 작곡가, 내가 인용하는 시편의 기자, 내가 읽는 책을 쓴 철학자, 내가 사는 집을 지은 목수. 내 주위는 이렇게 죽은 자들의 흔적과 기억들로 가득하다. 우리는 죽은 자들과 함께 살고 있다. 우리가 그들과 연합할 그날까지….

오, 하나님! 우리가 할퀴고 찢기며 상처 받는 것을 주께서 허락하신다면, 어떻게 우리가 믿음으로 그 모든 것을 견디어낼 수 있을까요?

주께서 피의 강물이 흐르도록 허락하셨고, 고통의 산들이 쌓이도록 허락하셨으며, 통곡이 인간의 노래가 되도록 허락하셨습니다. 그렇지만 우리가 볼 수 있도록 손가락 하나도 들지 않으셨습니다. 헤아릴 수도 없는 사랑의 연(緣)들을 당신이 허락하셨지만 결국에는 고통 가운데 잘려나갔습니다. 주께서 우리를 버리지 않으셨다면 그 이유는 무엇입니까?

우리는 애써 귀를 기울이며 대답을 기다립니다. 그러나 대답을 듣는 대신, 우리 눈에는 하나님의 할퀴고 찢기시는 모습을 봅니다. 우리는 우리의 눈물 사이로 하나님의 눈물을 봅니다. 이제 우리를 더욱 혼란스럽게 만드는 새로운 질문이 떠오릅니다. 오, 하나님, 어째서 당신은 자신을 고통 속에 있게 하시나요? 성도의 죽는 것을 여호와께서 귀중히 보신다면(시 116:15), 어째서 성도의 죽음을 허락하시나요? 어째서 기쁨을 단단히 붙잡아두지 않으시나요?

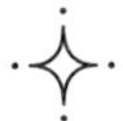

고대 철학자들이 묘사하는 것처럼 하나님은 무감각하시며, 반응이 없고, 변하지 않는 분이 아니라는 사실을 나는 오래 전부터 알아왔다. 하나님은 감정을 느끼시는 분이다. 하나님께서는 기쁨에 반응하시며 불쾌함에 반응하시는 분이다. 그러나 나는 이상하게도 하나님의 고통에 대해서는 이전에 결코 알지 못했다.

하나님은 고통 받는 자들의 하나님일 뿐만 아니라 스스로 고통 받는 하나님이시다. 인간의 고통과 타락은 하나님의 폐부를 파고들었다. 내 눈물의 프리즘 사이로 나는 고통 받으시는 하나님의 모습을 보았다.

어느 누구도 하나님의 얼굴을 본 후에는 살 수 없다고 했다. 나는 항상 이 말의 의미를 말 그대로 어느 누구도 하나님의 광채를 본 후에는 살 수 없다는 뜻으로 생각했다. 한 친구가 내게 이렇게 말했다. "어쩌면 그 말의 의미는 누구도 하나님의 슬픔을 본 후에는 살 수 없다는 뜻일지도 몰라." 어쩌면 하나님의 슬픔이 바로 광채가 아닐까?

참으로 엄청난 섭리다. 우리의 상함과 사랑 없음을 구속하기 위해서 우리와 함께 고통 받으시는 하나님께서는 권능의 주먹으로 내려치시는 대신에, 자신의 사랑하는 아들을 보내셔서 우리처럼 고통 받도록 하신다. 당신 아들의 고통을 통해서 우리를 고통과 악함으로부터 구속하시는 것이다.

우리의 고통을 설명하시는 대신, 하나님 자신이 친히 우리와 고통을 나누어지셨다.

하지만 나는 이전에 그분을 본 적이 없다. 비록 입으로는 하나님 자신이 슬픔의 하나님이라고 고백했지만, 나는 결코 슬픔의 하나님을 보지 못했다. 비록 십자가에서 피 흘린 분이 구속의 하나님이라고 고백했지만, 나는 결코 십자가에 달리신 하나님, 창과 가시와 못에 찔려 흘리신 피로 이 세상의 상처를 치유하시는 하나님을 본 적이 없다.

하나님께서 고통 받으신다는 것이 우리 인생에 어떤 의미가 있는가? 나는 이제 겨우 깨닫기 시작한다. 창조주 하나님을 생각할 때 우리는 이땅에서 풍요와 권세를 누리는 분이라는 이미지를 떠올린다. 그러나 죄와 고통으로부터 상처 받으심으로 우리를 구원하시는 구세주 하나님의 모습을 떠올려본다면, 아마도 우리는 이땅에서 가장 비슷한 이미지를 다른 곳에서 찾아야 할 것이다. 어디에서 찾을까? 어쩌면 손에는 깡통을 들고 배가 불룩 솟아오른 자식을 곁에 세운 여인의 얼굴이 아닐까? 어쩌면 그래서 예수님께서는 그런 사람들에게 우리가 베푸는 사랑이 당신에게 베푸는 사랑과 같다고 말씀하신 것이 아닐까?

‘하나님의 형상으로 빚어지다.’ 이는 성경 기자들이 우리를 일컬어 하는 말이다. 인간이 된다는 것은 하나님의 형상이 된다는 것이다. 우리가 결코 잃어버려서는 안 되는 것이 바로 이 영광이다. 그러나 이 영광은 커지거나 줄어들 수 있으며, 우리가 하나님의 형상을 닮는 것이 가까워지거나 멀어질 수도 있으며, 보다 더 영광스럽게 되거나 덜 영광스럽게 될 수도 있다. 진실한 삶이란 하나님의 형상을 꼭 빼닮은 예수 그리스도와 같이 되어 하나님의 형상에 보다 더 가깝게 되는 삶이다.

어떤 점에서 우리는 하나님의 형상을 닮았는가? 우리의 지식에서, 우리의 사랑에서, 우리의 공의에서, 우리의 사교성에서, 우리의 창의성에서. 이 모든 것에서 우리는 하나님의 형상을 닮았다. 이것들이야말로 기독교 전통이 우리에게 제시하는 목록들이다.

그러나 한 가지 답이 그 목록에서 빠져 있다. 고통에 있어서도 우리는 하나님을 닮았다. 어쩌면 이런 생각은 우리 가슴을 너무나 서늘하게 만드는 것일지도 모른다. 우리가 고통을 받는 점에서도 하나님의 형상을 닮았는가? 우리는 고통에서도 하나님의 형상을 더욱 닮으려고 해야 하는가? 이 말은 우리가 고통 가운데에 있는 상징이 되어야 한다는 뜻인가? 고통받는 것이 우리의 영광인가?

갈릴리의 어느 언덕 위에 제자들과 함께 계시던 예수님께서
이렇게 말씀하셨다.

애통하는 자는 복이 있나니 그들이 위로를 받을 것임이요

애통하는 자에게 축복을, 통곡하는 자에게 갈채를, 눈에
눈물이 가득한 자에게 환호를, 고통 받는 자에게 경의를, 상
심한 자에게 축배를…. 이 얼마나 모순된 말인가!

우리가 환호를 보낼 대상을 정한다면 아마도 세상에서 성
공을 거머쥐고 미소를 짓는 이들이 될 것이다. "승자들에게 갈
채를!" 우리가 이땅에서 인류의 여정을 기록하는 역사는 웃
는 자들의 이야기다. 전쟁에서 승리한 나라들, 경쟁 업체를 물
리친 회사들, 태평양에 닿는 길을 발견한 탐험가들, 자신의 이

론이 옳다는 것을 증명한 과학자들, 일등으로 결승선에 들어온 운동 선수들, 선거에서 이긴 정치가들. 세상에서 울고 있는 자들에게서 우리는 돌아선다. 사진사들마저 우리에게 웃으라고 말하지 않는가?

"애통하는 자는 복이 있나니." 이 말은 도대체 무슨 뜻인가? 왜 예수님께서 의에 주리고 목마른 자에게 복이 있다고 하셨으며, 긍휼히 여기는 자에게 복이 있다고 하셨으며, 마음이 청결한 자에게 복이 있다고 하셨으며, 화평케 하는 자에게 복이 있다고 하셨으며, 핍박을 받는 자에게 복이 있다고 하셨는지는 이해할 수 있다. 이 성품들은 천국의 삶에 속한 것이기 때문이다. 그러나 왜 예수님께서는 이 세상에서 애통하는 자에게 복이 있다고 하셨을까? 어째서 눈물에 갈채를 보내셨을까? 그것은 애통함 역시 하나님나라의 삶에 속했기 때문일 것이다.

그렇다면 애통하는 자들은 과연 어떤 사람들인가?

애통하는 자들이란 하나님의 새 날을 본 사람들, 그날이 가까워오는 것을 온몸으로 기다리는 사람들, 그날이 우리 곁에 부재함을 보며 눈물을 흘리는 사람들이다. 애통하는 자들이란 하나님의 평안의 나라에서는 장님이 없음을 알고 앞을 보지 못하는 자를 볼 때마다 아파하는 자들이다. 애통하는 자들이란 하나님나라에서는 굶주리는 자가 없음을 알고 굶주린 자를 볼 때마다 아파하는 자들이다. 애통하는 자들이란 하나님나라에서는 누구도 거짓으로 참소 당하는 일이 없음을 알고 부당하게 옥에 갇힌 자를 볼 때마다 아파하는 자들이다.

애통하는 자들이란 하나님나라에서는 하나님을 보지 못하는 자가 아무도 없음을 알고 믿지 않는 자를 볼 때마다 아파하는 자들이다. 애통하는 자들이란 하나님나라에서는 억압당하는 자가 아무도 없음을 알고 누군가 억압당하는 것을 볼 때마다 아파하는 자들이다. 애통하는 자들이란 하나님나라에서는 존엄하지 않은 자가 아무도 없음을 알고 누군가 무례하게 취급당하는 것을 볼 때마다 아파하는 자들이다. 애통하는 자들이란 하나님의 평안의 나라에서는 죽음도 눈물도 없다는 것을 알고 죽음으로 인해 눈물을 흘리는 사람을 볼 때마다 아파하는 자들이다. 애통하는 자들은 이렇게 아파하며 새 날의 꿈을 꾸는 자들이다.

예수님께서는 그런 사람들을 축복하셨다. 그런 이들에게 환호하셨으며, 그런 이들을 칭송하셨으며, 그런 이들에게 경의를 표하셨다. 그리고 그런 이들에게 그들이 아프도록 갈망하며 기다리는 새 날이 올 것이라는 약속을 주셨다. 위로를 받게 될 것이라는 약속 말이다.

고대의 금욕주의자들은 이렇게 말했다. "마음을 가라앉혀라. 세상으로부터 자신을 분리시켜라. 웃지도 말고 통곡하지도 말라." 그러나 예수님께서는 말씀하신다. "세상의 상처에 마음을 열어라. 인류의 애통함에 함께 애통해 하고, 인류의 통곡에 함께 통곡하고, 인류의 상처에 함께 아파하고, 인류의 고뇌에 함께 고민하라. 그러나 이 모든 것을 기쁨으로 하라. 곧 평안의 날이 다가오지 않는가!"

우리가 존재하는 현실에서

소중히 여김과 사랑은 고통을 수반한다.

우리 세상에서의 사랑은

고통을 동반하는 사랑이다.

많이 사랑하지 않는 사람은 많이 고통 받지 않는다.

왜냐하면 우리의 고통은 사랑함에서 오기 때문이다.

"우리에게 삶을 보여주신 하나님, 우리에게 생명을 가져다주는 것을 자신의 유일한 희망으로 삼으신 하나님. 바로 그분이 우리를 참으로 사랑하셔서 우리와 함께 죽음이라는 전적인 모순을 경험하게 되기를 원하셨다면, 우리에게는 소망이 있는 것이 틀림없다.

그렇다면 죽음보다 더한 무엇인가가 우리에게 있는 것이 틀림없다.

정말 그렇다면, 우리에게는 이 세상에서 우리의 미약한 존재로는 이루어질 수 없는 약속이 있는 것이 틀림없다.

그렇다면 당신이 사랑하는 모든 것들, 꽃과 나무, 산과 바다, 미술과 음악의 아름다움, 삶의 모든 풍성한 선물들을 뒤로하고 떠난다는 것이 절대로 모든 것의 파괴와 잔인한 종말을 의미할 리가 없다.

그렇다면, 우리는 진실로 부활의 삼 일을 기다려야 한다."

— 헨리 나우웬, 「영성 편지」(A Letter of Consolation)

어쩌면 예수님의 그 말씀 속에는 무언가 더 깊은 뜻이 있을지도 모른다. 평안의 새 날이 올 것이라는 그 이상의 뜻 말이다. 그날이 곁에 없음을 애통해하는 자들에게 하나님의 마음을 밝히 보여주신 것이다. 고통 받는 자의 무리에 참예하는 순간 그들은 하나님의 고뇌를 볼 수 있게 된다. 이 고뇌로 인해 그들은 위로를 받는다. 애통함의 벤치에 앉은 자들과 합류하는 순간 그들은 하나님의 통곡소리를 들으며 하나님의 눈물을 보게 된다. 이 통곡소리와 눈물로 인해 그들은 위로를 받는다.

눈물을 흘리며 씨를 뿌리는 자는

기쁨으로 거두리로다

울며 씨를 뿌리러 나가는 자는

반드시 기쁨으로 그 곡식 단을 가지고 돌아오리로다(시 126:5-6).

고통이란 무엇인가? 소중한 무언가, 혹은 사랑하는 무언가가 찢겨져나가거나 주어지지 않는 것, 사랑하는 사람, 인간의 존엄성, 육체적인 고통이 없는 삶 등이 강탈당하는 것, 바로 그것이 고통이다.

어쩌면 그런 것은 고통이 일어날 때의 현상일지도 모른다. 그렇다면, 고통이란 무엇인가? 나는 모른다. 몇 날 며칠 동안 나는 그 질문에 대해 고민했다. 그리고 거의 물결이 일지 않는 잔잔한 물 위에 비친 오렌지와 분홍빛 저녁 불빛의 반짝거림을 지켜보다가 갑자기 이런 생각에 사로잡혔다.

나는 고통에 대해서 아무것도 모르고 있다. 고통에 대해서 말이다. 정말 그랬다. 꺾여진 손마디, 부러진 뼈마디의 고통, 슬픔과 고통에 대해서 나는 전혀 아는 바가 없다. 고통이란 우리의 존재에 있어서 다른 것들과 마찬가지로 신비로움 그 자체다. 고통의 실체가 존재하는 것에 대해서는 물론 어느누구도 의심하는 사람이 없다. 그러나 고통은 모든 사람들에게 생생하게 느껴지기는 하지만 각각으로부터 그 얼굴을 감추어놓고 있다.

우리는 고통에 있어서는 하나다. 어떤 이는 재물이 많고 어떤 이는 두뇌가 명석하다. 어떤 이는 육체가 강건하고 어떤 이는 존경의 대상이 된다. 그러나 우리 모두는 고통을 경험한다. 왜냐하면 우리 모두에게는 소중하게 여기는 것들이 있으며, 사랑의 대상이 있기 때문이다. 그리고 우리가 존재하는 현실에 있어서 소중히 여김과 사랑은 고통을 수반한다. 우리 세상에서의 사랑은 고통을 동반하는 사랑이다. 많이 사랑하지 않는 사람은 많이 고통 받지 않는다. 왜냐하면 우리의 고통은 사랑함에서 오기 때문이다. 내가 에릭을 사랑하지 않았더라면 이런 고뇌도 없었을 것이 아닌가.

이것이 거룩한 예수님께서 말씀하신 명령이다. "네 이웃을 네 자신과 같이 사랑하라." 우리에게 주신 이 명령은 우리로 하여금 곧 고통 가운데로 부르시는 하나님의 초대인 것이다.

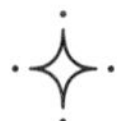

하나님은 사랑이시다. 그것이 하나님께서 고통 받으시는 이유다. 죄로 인해 고통 가운데 있는 우리 세상을 사랑한다는 것은, 곧 고통을 당한다는 뜻이다. 하나님께서는 이 세상을 위해 당신의 독생자를 고통에 내어맡기심으로 당신 자신도 그토록 고통을 받으셨다. 하나님의 고통을 보지 못하는 사람은 그분의 사랑도 보지 못한다. 하나님의 사랑은 고통 받으시는 사랑이다.

그러므로 고통은 만물의 한가운데 자리하고 있다. 그리고 의미가 존재하는 그 깊숙한 곳 말이다. 고통은 우리 세상이 존재하는 의미이기도 하다. 왜냐하면 사랑은 우리 세상이 존재하는 의미이며, 그 사랑은 고통이기 때문이다. 하나님의 눈물은 역사의 의미인 것이다.

그래도 여전히 수수께끼로 남는 것이 있다. 어째서 '고통이

나는 사랑하는 사람을
잃었습니다

수반되지 않는 사랑'은 만물의 의미가 되지 못하는 것일까? 어째서 '고통 받는 사랑'이 의미일까? 왜 하나님께서는 자신의 고통을 감내하시는가? 어째서 한 번에 우리의 고통을 덜어서 당신 자신을 고통으로부터 구원하시지 않는가?

우리는 함께한다. 하나님과 우리는 이 세상의 역사 속에서도 함께한다. 우리 세상의 역사는 하나님께서 우리가 함께하는 고통의 역사다. 악에서 나온 우리의 모든 행실은 하나님께서 눈물을 흘리시도록 만든다. 우리가 고뇌에 빠지는 것은 하나님께서 통곡하시도록 만든다.

그러나 또 우리 세상의 역사는 하나님께서 우리와 함께하는 구원의 역사이기도 하다. 당신 자신의 고통으로부터 스스로를 해방시키려는 하나님의 역사는, 그 고뇌로부터 세상을 구원하시려는 하나님의 역사인 것이다. 기쁨과 공의를 위한 우리의 투쟁은 하나님의 슬픔을 덜어드리려는 우리의 투쟁이다.

우리를 구원하시기 위한 하나님의 고통의 잔이 찼을 때에 우리 세상의 구원이 완성된다. 공의와 평안이 이를 때까지는 하나님의 기쁨에 겨운 춤사위를 볼 수 없을 것이다. 거룩한 기쁨의 잔치를 알리는 종소리는 세상의 평강을 알리는 종소리가 될 것이다.

"네 손을 내밀어 내 옆구리에 넣어보라." 부활하신 예수님께서 도마에게 말씀하셨다. "그리하면 내가 누군지 알리라."

그리스도의 상처는 그분의 정체성을 상징한다. 그 상처는 그분이 누구신지를 말해준다. 그리스도는 그 상처들을 잃어버리지 않으셨다. 예수님께서는 그 상처들을 입은 채 무덤 속으로 들어가셨다가, 그 상처들을 가지고 돌아오셨다. 그 상처들은 우리의 눈으로 볼 수 있으며, 실제적이고 분명한 것이었다. 부활은 그 상처들을 없애지 않았다. 죽음의 굴레에서 벗어난 예수님이었지만 상처는 여전히 간직하셨다.

무덤에서 부활하신 그리스도를 믿는다는 것은, 그리스도의 부활을 우리 무덤에서 일어날 증거로 받아들인다는 뜻이다. 우리들 각자가 사라지는 것이 정해진 운명이라면, 우리 모두가 함께 흔적도 없이 희미해져가는 것이 우리의 운명이라면, 그렇다면 그리스도의 부활이 아닌 사랑하는 내 아들의 때이른 죽음은 어쩔 수 없는 우리 운명의 상징이 되어야 할 것이다.

나는 조금씩 깨닫기 시작했다. 죽음에는 죽음 그 이상의 무엇인가가 존재한다는 것을 말이다. 그리스도의 부활과 죽음의 패배를 믿는다는 것은, 사랑이 곧 고통이라는 우리 모두의 암울한 무덤에서 이제 부활할 수 있는 권능과 도전을 가지고 사는 것을 의미한다. 세상의 상처를 향한 동정심으로 우리의 고민이 커지지 않는다면, 주변 사람들을 향한 우리의 사랑이 확장되지 않는다면, 선하심에 대한 감사가 활활 타오르지 않는다면, 우리의 통찰력이 깊어지지 않는다면, 중요한 일에 대한 우리의 헌신이 굳건해지지 않는다면, 새 날을 기다리는 아픔이 강렬해지지 않는다면, 소망이 약해지고 믿음이 사라진다면, 죽음의 경험을 통해 무언가 선한 것을 얻을 수 없다면, 그렇다면 죽음이 우리를 이긴 것이다. 그렇다면 죽음이여, 자랑하라.

그러므로 나는 그리스도의 부활과 죽음의 패배를 온몸으로 살아내려고 애쓰리라. 나의 삶 가운데 내 아들의 죽음이 마지막 단어가 되지 않도록 하리라. 그러나 내가 일어설지라도 내 아들의 죽음이 남긴 상처는 여전히 내 몸에 남아 있을

것이다. 나의 부활이 그 상처를 지우지 않을 것이다. 그 상처
는 나의 흔적이 되었다. 누구든지 내가 누군지 알고 싶다면 손
을 내밀어 내 옆구리에 넣어보라.

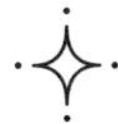

"그가 상함으로 우리가 나음을 입었도다." 그리스도가 상처를 입음으로 인해 인류는 치유를 받았다.

우리의 상처도 나을 수 있을까? 내 가슴에 깊이 패인 상처도 나을 수 있을까? 이전에 보지 못했던 것을 이제는 본다. 이전에 느끼지 못했던 것을 이제는 느낀다. 그렇지만 엄청난 치료가 필요한, 이 선홍빛 피가 흘러나오는 상처도 나을 수 있을까? 우리는 땅 위에 존재하는 그리스도의 몸이다. 이 말은 우리의 상처가 그분의 상처이며, 우리의 상처도 나을 수 있다는 의미인가?

우리의 고통은 우리를 구속하는가? 때때로 순교자의 피가 그랬다. 그들의 고통은 하나님의 평화의 도구로 사용되었다. 그러나 내가 선택하지도 않았고, 결코 선택할 리도 없는, 내 아들의 죽음으로 인한 고통도 평화를 가져올 수 있을까? 어떻게? 누구에게?

　죽음이 평화와 절대적인 원수라는 말 이외에 다른 말은 없
는가? 죽음의 고통, 죽음과 화평한 채 살지 않고 죽음과 맞섬
으로써 오는 고통이 과연 평화를 가져올 수 있는가?

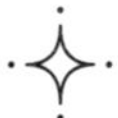

"죽어가는 것(mortification, 고행, 금욕, 굴욕, '죽음'이라는 라틴어 원어에서 나온 말이다. ─옮긴이), 말 그대로 '죽음을 만드는 것'이 인생이다. 모든 창조물이 죽음을 면할 수 없다는 사실을 깨달을 때, 우리는 만물을 영속할 소유물로 집착하지 않으며 그 아름다움을 감상할 수 있게 된다. 이럴 때에 우리는 우리 삶을 진정 죽음에 익숙해져가는 하나의 과정으로, 죽음의 미학을 전수하는 하나의 학교로 여길 수 있는 것이다.

나는 뒤틀린 심사로 이런 말을 하고 있는 것이 아니다. 오히려 반대다. 우리가 죽음에 의해서 삶을 지속적으로 상대화해서 볼 때, 있는 그대로의 삶을 즐길 수 있다는 말을 하는 것이다. 공짜로 받은 선물로서의 삶 말이다.

과거의 사진들, 편지와 책들은 우리에게 삶이란 아름다운 곳, 좋은 사람들, 그리고 멋진 경험들을 향한 끊임없는 작별

인사와도 같다는 사실을 알려준다. 이 모든 과거는 다정한 손
님들처럼 우리에게 소중한 추억과 더불어 인생이란 짧디 짧
은 것이라는 서글픈 인식을 남기고 우리 곁을 지나쳐가버렸
다. 모든 만남에는 이별이 있고, 모든 성장은 노화로 이어지며,
모든 미소에는 눈물이 있으며, 모든 성공에는 실패가 있다. 산
다는 것은 죽어간다는 것을 의미하며, 삶을 향한 모든 축제는
또한 죽음으로 향하는 과정인 것이다."

— 헨리 나우웬, 「영성 편지」

고통은 우리에게 좋은 것을 주기도 한다. 축복이라고 할까?
고통에는 무언가 감사할 일이 있다. 나는 이것을 깨달았다.

대개 우리는 권세 있는 자와 부자를 축복 받은 사람이라
고 생각한다. 그들이 '삶 가운데 좋은 것들'을 누리기 때문이
다. 그러나 어떤 면에서는 보잘것없는 이들, 짓밟힌 이들, 억
눌린 이들도 축복받은 자들이다. 이 말은 그들이 고통에 대
한 보상을 받게 된다는 뜻이 아니다. 내 말은 어쩌면 짓밟힘
그 자체가 축복이거나 축복이 될 수 있다는 의미다. 마치 우
리가 '행운아'라고 부르는 사람들에게 찾아오는 풍성한 축복
처럼 말이다.

고통이란 자신에게 고통을 주는 대상을 향해 자신의 모든
것을 다해 "안돼"라고 외치는 외침이다. 고통과 죽음과 불공
평함과 억압과 굶주림과 치욕과 속박과 유기(遺棄)를 향해 신

경 조직과 담력과 온 기관과 마음을 모아 "안돼"라고 외치는 외침이다. 그리고 때때로 그 강렬한 외침은 다른 곳에서 나타나지 않는 광채를 발한다. 용기와 사랑과 통찰력과 무욕(無慾)과 믿음의 광채. 그 광채 속에서 우리는 인간 본성이 마땅히 어떠해야 하는지를 가장 잘 볼 수 있다.

슬픔을 잘 알고 난 후에 얻어지는 그 광채가 다른 사람들에게 축복이라는 사실은 익숙하지만 언제나 당황스럽게 하는 일이다. 어떻게 해야 우리는 그 광채를 있게 한 원인에 대해서는 저항하면서도 그 광채를 소중히 보듬을 수 있는가? 어떻게 해야 우리는 고통을 치워달라고 간구하면서도 고통이 가져다준 것들에 대해 하나님께 감사할 수 있는가? 여전히 의문이 남긴 하지만 그러나 내가 깨달은 것은, 고통이 고통 당하는 자의 축복이 될 수도 있다는 것이다. 예전에 동료였던 한 친구는 심장마비에 걸려 죽을 뻔했던 그 경험을 어느것과도 바꾸지 않겠노라고 말했다.

고통의 골짜기에서는 절망과 비통함이 생겨난다. 그러나 성품 또한 영글어간다. 고통의 골짜기는 인간을 다듬는 계곡인 것이다. 그러나 이제 모든 것들이 주위에서 미끄러지듯 사라진다. 내가 받은 축복을 어떻게 말할까? 나는 무엇으로 감사하며 무엇으로 애통해 하는가? 때로는 나의 기쁨으로 슬퍼해야 하며 때로는 나의 슬픔으로 기뻐해야 하는가? 어떻게 하면 내 아들의 때이른 죽음이 아니었다면 결코 이를 수 없는 경지를 맛보게 해주신 이 기회를 감사함으로 받아들이고 동시에 그 죽음에 대해서는 "안돼"라고 계속해서 외칠 수 있을까?

어떻게 하면 하나님께서 나를 보다 더 나은 사람으로 만들기 위해 그 산을 살짝 흔드셨다는 불경(不敬)한 생각을 내쫓고, 더불어 나의 고통을 축복으로 받아들일 수 있을까?

갑자기 에릭이 생각난다. 그를 기억하게 하는 것들은 사슬처럼 이어져 있어서 거의 모든 곳에서 나타난다. 어느 강연 때 들은 짧은 몇 마디 연설에서, 아직 칠을 하지 않은 집 벽의 나무판자에서, 스탠드에 난 작은 구멍에서, 돌멩이 하나에서⋯. 그렇게 무해한 것들로부터 에릭에 대한 상상이 바람을 타고 날아와서 나의 상처를 파고든다. 모든 것들이 죽은 아들을 연상시킬 수 있는 가능성을 잔뜩 안고 있는 셈이다.

잊는다는 것은 불가능한 일이다.

언제부턴가 에릭의 동생들이 형에게 조언을 구하기 시작했다. 에릭은 어느새 아내와 내게 더 이상 돌보아야 할 대상이 아니라 동등한 사람으로 자라 있었다. 그런 그가 이제는 없다. 남은 가족들은 관계를 새롭게 엮어가야 한다.

우리들은 각자의 가슴 속에 구멍이 뚫린, 그리고 그 구멍을 함께 공유한 가족이 되었다. 이제 우리는 서로 이전과는 다른 관계로 살아가야 한다. 우리는 그 구멍 주위를 맴돌며 살아야 한다. 한 사람을 데려가면 이렇게 모든 것이 달라지게 된다.

에릭의 육신을 담고 있는 이 비좁은 땅을 본 지도 일 년이 지났다. 그때 이곳은 흙더미와 구덩이 하나가 있었다. 지금은 차가운 묘석 하나만 남았다. 그때는 눈물에 젖은 사람들로 가득했다. 지금은 어머니와 아버지, 누나와 남동생들뿐이다. 묘원지기도 없고, 이웃의 아이들도 없고, 오직 떡갈나무에 바람만 일고 있다.

그는 밀봉되었다. 아니, 그의 몸이 밀봉되었다. 도금한 상자 속에 말이다. 벌레들이 어떻게 들어갈까? 우리 몸 속에 가지고 있던 벌레가 함께 들어가는 것일까? 그 벌레들이 지금쯤 그의 몸을 얼마나 갉아먹었을까? 뼈들은 오래 갈 것이고, 아마 옷들도 그렇겠지. 내가 직접 그의 옷장을 뒤져서 셔츠와 바지를 골랐다. 그가 가장 좋아하던 색깔로 말이다. 그 중 일부는 아마 인공 섬유였으니까 좀더 오래 가지 않을까? 허리띠에

달린 금속장식도 오래 남겠지. 신발은? 아참, 그들이 내게 신발을 줬었지. 에릭은 신을 신지 않고 있겠구나.

그가 묻힌 땅 주위를 걸어본다. 그 위를 밟지도, 넘지도 않는다. 왜 나는 그렇게 하는 것일까? 그런 행위는 신을 모독하는 행위같이 느껴진다. 어째서 인간이 묘지를 신성한 곳으로 여기는지 이해가 가기 시작했다. 이 땅덩이마다 그 아래에는 이땅에서 하나님의 형상, 그분의 상징 중의 하나였던 누군가의 유골이 안식하며 누워 있는 것이다. 그 형상의 잔해들이 이 장소를 신성하게 만드는 것이다.

그것이 진실이라면 살아 있는 사람들이 거하는 집들은 더욱 신성한 곳이 아닌가? 하나님의 형상을 지닌 유골이 잠들어 있는 곳들이 존중 받아 마땅하다면, 하나님의 살아 있는 형상이 거하는 장소는 분명히 더 존중받아 마땅하다. 이곳의 잔디는 잘 손질되어 있다. 완만히 경사진 언덕은 아름답고, 떡갈나무는 멋지고, 모든 것이 평화롭다. 이곳에 묻힌 어떤 이들은 살아 생전에 이렇게 멋진 곳에서 거하지는 못했을 것이다.

하나님께서 에릭과 우리 모두를 죽은 자 가운데서 일으키실 때 어떤 일이 일어날지 궁금하다. 우리에게 새로운 몸을 주시는 것은 큰 문제가 아닐 것이다. 그런데 우리 모두를 어떻게 그의 성에 들어가게 하실까? 여기에 누운 에릭은 20세기를 살았던 사람으로 원시적인 환경에서 살았던 고대의 누군가와 함께 그 성에 들어가야 할 것이다. 그 사람은 비행기와 전기와 원자 폭탄에 관해서 아무것도 모르며, 아는 것이라고는 자신이 경작한 땅과 그로부터 몇 킬로미터 이내에 관한 것뿐일 텐데. 하나님께서는 모두에게 컴퓨터를 배우도록 하실까? 그렇다면 에릭은 남들보다 진도가 저만치 앞서 나가 있을 텐데.

또 이 모든 사람들이 가진 각기 다른 성품과 기질들을 어떻게 하실까? 에릭은 충성스럽고 온유하며 다정하지만, 한편으로는 가끔 자기 중심적인데. 어떤 사람들은 고약하고 성질이 나빠서 함께 있기 싫을지도 모르는데. 하나님께서는 이들을 어떻게 다루실까? 내가 보기에 처음에는 아주 깨끗이 씻는 과정이 있어야 할 것이다.

그리고 아주 많은, 셀 수도 없이 많은 사람들. 그 사람들이 길게 꼬리를 물고 늘어선다. 사람들의 얼굴은 급기야 뿌연 아지랑이처럼 된다. 모두들 무리 속에서 아는 얼굴들을 발견한다. 그러나 기억들은 조금씩 희미해지며, 이 앞에까지 오게 되면 우리의 기억 속에 남는 것은 불과 몇 사람뿐이다. 하나님 한 분만이 모든 것을 기억하신다.

나는 하나님께서 어떻게 완성을 하실지 알 수 없다. 그러나 창조를 하실 수 있었다면 재창조도 하실 수 있으리라.

과연 모든 것이 진실일까? 하나님께서 정말 그렇게 하실까?

언제쯤 에릭의 말을 듣게 될까? "아빠, 다녀왔습니다"라는 말을 정말 들을 수 있을까?

"이 모든 것을 내가 만들었고 내 아들을 죽은 자 가운데서 일으킨 자도 바로 나라는 사실을 기억하라. 그러므로…"

좋습니다. 이제 안녕 에릭, 안녕, 안녕, 우리가 다시 만날 그날까지.

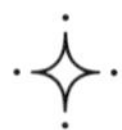

"우리는 멈추어 서 있으면서 동시에 움직여야 한다

또 다른 강렬함 속으로

보다 더 굳은 결합, 더 깊은 교제를 위해서

어둡고 춥고 텅 빈 폐허를 지나서,

파도가 울고 바람이 울고

바다제비와 돌고래의 광활한 대양.

나의 죽음 속에 나의 시작이 있노라."

—T. S. 엘리엇, 「네 개의 사중주」(Four Quartets)

나는 사랑하는 사람을
잃었습니다

레퀴엠

아들 에릭을 기리며 클레어와 니콜라스 월터스토프 부부는 작곡가 캐리 래트클리프(Cary Ratcliff)에게 대부분 성경 구절에서 뽑은 가사에 곡을 써서 레퀴엠, 즉 애가(哀歌)를 만들어달라고 부탁했다. 1986년 5월 18일, 미시간 주 그랜드 래피즈 시에서는 에릭 월터스토프를 추모하는 '레퀴엠'(Requeim : Eric Wolterstorff in Memoriam)의 첫 번째 연주가 있었다.

그 가사를 여기에 실어놓았다. 첫째 절(節)은 죽음의 잔인함을 표현했고, 둘째 절은 애가를 담았다. 셋째 절은 우리가 고통 가운데 홀로 버려진 것이 아니라 하나님께서 그 고통을 우리와 함께 나누신다는 확신을 노래했다. 넷째 절은 에릭 자신의 말로 표현했으며, 다섯째 절은 믿음의 인내를 표현했다. 마지막으로 여섯 째 절은 그리스도인의 소망을 담고 있다.

I

진실로 잔인한 것은 죽음의 비밀이다.

나는 애통해한다.

하나님의 형상으로 창조된 아름다움이

이제는 무덤 속에 누워 있음에

형상도 버리고, 영광도 버리고, 생각도 버리고

우리를 감싸고 있는 이 비밀은 무엇인가?

왜 우리는 썩어가야만 하는가?

왜 우리는 죽을 수밖에 없는가?

— 다마스쿠스의 요한(John of Damascus : A.D. 675-749)

나무는 희망이 있나니

찍힐지라도 다시 움이 나서 연한 가지가 끊이지 아니하며

(그러나) … 장정이라도 죽으면 소멸되나니

인생이 숨을 거두면 그가 어디 있느냐

— 욥기 14장

그는 다시 자기 집으로 돌아가지 못하겠고

자기 처소도 다시 그를 알지 못하리이다

— 욥기 7장

II

나는 광야의 올빼미 같고
황폐한 곳의 부엉이같이 되었사오며
내가 밤을 새우니
지붕 위에 외로운 참새 같으니이다…
나는 재를 양식같이 먹으며
나는 눈물 섞인 물을 마셨나이다
— 시편 102편

여호와여 내가 깊은 곳에서 주께 부르짖었나이다
주여 내 소리를 들으시며
나의 부르짖는 소리에 귀를 기울이소서
— 시편 130편

주의 인자하심을 무덤에서,
주의 성실하심을 멸망 중에서
선포할 수 있으리이까

흑암 중에서 주의 기적과

잊음의 땅에서 주의 공의를 알 수 있으리이까

— 시편 88편

주여 내 소리를 들으시며

나의 부르짖는 소리에 귀를 기울이소서…

나 곧 내 영혼은 여호와를 기다리며

나는 주의 말씀을 바라는도다

— 시편 130편

우리 구원의 하나님이여 우리를 돌이키시고

— 시편 85편

그들의 모든 환난에 동참하사

자기 앞의 사자로 하여금 그들을 구원하시며

그의 사랑과 그의 자비로 그들을 구속하시고

옛적 모든 날에 그들을 드시며 안으셨나이다

— 이사야 63장 9절

그는 실로 우리의 질고를 지고

우리의 슬픔을 당하였거늘…

그가 채찍에 맞으므로 우리가 나음을 받았도다

— 이사야 53장 4-5절

IV

나의 죽음 속에 나의 시작이 있노라

— 엘리엇

여호와여 주께서 나를 살펴보셨으므로 나를 아시나이다

주께서 나의 앉고 일어섬을 아시고…

주께서 내 내장을 지으시며

나의 모태에서 나를 만드셨나이다…

내 형질이 이루어지기 전에 주의 눈이 보셨으며

나를 위하여 정한 날이 하루도 되기 전에

주의 책에 다 기록이 되었나이다

— 시편 139편

여호와여 내 마음이 교만하지 아니하고

내 눈이 오만하지 아니하오며

내가 큰 일과 감당하지 못할 놀라운 일을 하려고

힘쓰지 아니하나이다

실로 내가 내 영혼으로 고요하고 평온하게 하기를

젖 뗀 아이가 그의 어머니 품에 있음 같게 하였나니

내 영혼이 젖 뗀 아이와 같도다

— 시편 131편

이러므로 나의 마음이 기쁘고

나의 영도 즐거워하며 내 육체도 안전히 살리니…

주께서 생명의 길을 내게 보이시리니

주의 앞에는 충만한 기쁨이 있고

주의 오른편에는 영원한 즐거움이 있나이다

— 시편 16편

나는 의로운 중에 주의 얼굴을 뵈오리니

깰 때에 주의 형상으로 만족하리이다

— 시편 17편

V

인생은 그날이 풀과 같으며

그 영화가 들의 꽃과 같도다

그것은 바람이 지나가면 없어지나니

그 있던 자리도 다시 알지 못하거니와

여호와의 인자하심은 … 영원부터 영원까지 이르며

— 시편 103편

비록 무화과나무가 무성하지 못하며

포도나무에 열매가 없으며

감람나무에 소출이 없으며

밭에 먹을 것이 없으며

우리에 양이 없으며

외양간에 소가 없을지라도

나는 여호와를 말미암아 즐거워하며

나의 구원의 하나님으로 말미암아 기뻐하리로다

— 하박국 3장

VI

내가 들으니 보좌에서 큰 음성이 나서

이르되 보라 하나님의 장막이

사람들과 함께 있으매

하나님이 그들과 함께 계시리니

그들은 하나님의 백성이 되고

하나님은 친히 그들과 함께 계셔서

모든 눈물을 그 눈에서 닦아주시니

다시는 사망이 없고

애통하는 것이나 곡하는 것이나

아픈 것이 다시 있지 아니하리니

처음 것들이 다 지나갔음이러라

— 요한계시록 21장

여호와는 죽이기도 하시고 살리기도 하시며

스올에 내리게도 하시고 거기에서 올리기도 하시는도다

가난한 자를 진토에서 일으키시며

빈궁한 자를 거름더미에서 올리사…

영광의 자리를 차지하게 하시는도다

— 한나의 노래

눈물을 흘리며 씨를 뿌리는 자는

기쁨으로 거두리로다

— 시편 126편

내가 하나님 여호와께서 하실 말씀을 들으리니

무릇 그의 백성, 그의 성도들에게

화평을 말씀하실 것이라

— 시편 85편

보라 내가 만물을 새롭게 하노라 …

나는 알파와 오메가요

처음과 마지막이라

— 요한계시록 21장

나는 사랑하는 사람을
잃었습니다